가치 가격 간극

가치 가격 간극

초판 1쇄 발행 2025년 9월 26일

지은이 임병석
펴낸이 장길수
펴낸곳 지식과감성#
출판등록 제2012-000081호

교정 주경민
디자인 강샛별
편집 윤혜성
검수 이주연, 이현
마케팅 김윤길

주소 서울시 금천구 벚꽃로298 대륭포스트타워6차 1212호
전화 070-4651-3730~4
팩스 070-4325-7006
이메일 ksbookup@naver.com
홈페이지 www.knsbookup.com

ISBN 979-11-392-2825-0(03320)
값 17,000원

- 이 책의 판권은 지은이에게 있습니다.
- 이 책 내용의 전부 또는 일부를 재사용하려면 반드시 지은이의 서면 동의를 받아야 합니다.
- 잘못된 책은 구입하신 곳에서 바꾸어 드립니다.

지식과감성#
홈페이지 바로가기

가치 가격 간극

임병석 지음

0. 전제

(1) 자신의 존재인식이 가장 확실한 사실이다.

(2) 존재인식과 항상 같이 있는 것은 존재유지욕구이다.

(3) 인간은 근본적으로 물질적인 존재이다.

(1) (2)는 설명할 필요가 없다.

본문에서의 논의를 위해 (3)에 대한 설명이 중요하다. 극히 일부의 관념론자를 제외한다면 모두가 물질세계의 존재를 인정한다. 그런데 그중의 대부분이 정신의 존재 또한 자연스럽게 받아들인다. 정신활동을 하는 신체 즉 물질과 정신으로 우리가 이루어져 있다는 것이 보통사람들에게는 자연스러운 현상으로 여겨진다. 하지만 데카르트를 포함하는 많은 철학자들에게 정신-물질 이원론에 대한 설명은 엄청난 난제였다. 속성이 전혀 다른 정신과 물질이 어떻게 상호작용할 수 있단 말인가? 여러 설명과 해답이 시도되었지만 애석하게도 정신-물질 이원론은 성립할 수 없다는 것이 결론이다. 다시 말해 세상은 물질일원론 혹은 정신일원론[1] 둘 중 하나로만 설명할 수 있다. 뇌과학자나 정신과 의사 역시 물질일원론에 근거한다. 우리가 정신현상이라고 부르는 것은 결국 머릿속의 물질에 해당하는 뇌 작용이며 설명하지 못하는 부분은 아직 우리의 지식이 부족하여 밝혀내지 못했을 뿐이라고 얘기한다.

경제학 역시 당연히 물질세계를 전제한다. 그런데 많은 경제학자들이 생산성 차이를 설명하면서 경영자와 자본가의 지식노동을 언급한다. 지식노동은 정신의 존재를 인정하는 것이다. 하지만 언급했듯이 정신-물질 이원론은 성립할 수 없다.[2] 따라서 물질세계를 전제

---

[1] 세계는 정신으로만 이루어져 있다는 정신일원론은 아마 많은 사람들에게 헛소리로 간주될 것이다. 하지만 물질일원론은 의외로 논박이 어렵지 않으며 정신일원론이 훨씬 논리적이다. 버클리 헤겔 후설 등을 자세히 설명하는 것 대신 쉬운 예를 들어 보겠다. 영화 「매트릭스」의 주인공인 네오의 진짜 삶은 모피어스와 함께 하는 투사라고 생각할 것이다. 하지만 모피어스와 함께 있는 네오가 오히려 회사원 네오의 꿈일 수도 있다. 둘 중 어느 경우가 실제로 존재하는 네오인지 논리적으로 입증하는 것은 불가능하다. 그럼에도 어떤 경우이든 절대적으로 확실한 사실은 네오라는 의식이 분명히 존재한다는 것이다. '나'라는 의식만이 절대적 사실이라는 (1)의 전제도 여기서 나오는 것이다. 더 나아가서 나의 정신만이 존재한다는 유아주의를 논리적으로 반박하는 것은 불가능하다. 물론 더 극단적인 주장도 있다. 자아라는 영속성을 가지는 주체가 아니라 그때그때의 인식 혹은 감각만이 존재할 뿐이며 자아라는 개념 또한 절대적 사실은 아니라는 것이다.

[2] 만약 정신현상 역시 물질작용으로 환원할 수 있다는 물질일원론을 받아들이고 완전경쟁상황까지 더해진다면 (그에 더해 장래 노동생산성을 향상시키기 위한 학습까지 넓은 의미의 노동으로 정의한다면) 개인 노동 간의 생산성 차이가 존재하더라도 평균노동량의 산출이 가능해지며 완전경쟁상황에서 노동의 이동이 자유롭기 때문에 노동가치설과 효용가치설의 구분은 무의미해진다. 둘은 정확히 일치하게 될 것이다.

한 상태에서 속성이 전혀 다른 정신현상을 설명해야만 지식노동을 포함한 앞으로의 다른 논의가 가능해진다.

정신이라는 현상은 분명히 존재한다. 하지만 정신은 뇌라는 물질이 전기 화학 작용에 의해 질적 변화를 일으킨 결과물이기 때문에 물질과는 다른 양태와 속성을 가지지만 본질적으로 물질의 파생물이다. 질적 변화란 '양에서 질로의 변환'을 의미한다. 동일한 속성을 가진 요소들이 양적 변화 과정 중 특이점·임계점에 이르는 순간 기존의 속성과는 질적으로 다른 새로운 속성으로 변화하는 현상을 일컫는다. 흔한 예로써 물과 얼음의 경우를 이야기하지만 사실 이 경우는 겉모습(양태)만 변화할 뿐이고 본질적인 속성은 H_2O 그대로이기 때문에 진정한 질적 변화라 하기엔 다소 미흡하다. 그보다는 수소에서 헬륨으로의 변환이 더 적절할 것이다. 수소라는 원소의 양적 변화가 완전히 다른 속성을 가지는 헬륨으로 질적 변화하기 때문이다.[3] 당연히 뇌(물질)에서 의식(정신)으로의 변화는 앞선 예와는 비교할 수 없을 정도로 훨씬 복잡한 고차원의 변환이다. 그렇지만 정신은 물질의 파생물이기 때문에 상호작용한다. 정신은 뇌라는 물질에서 파생되었고 여전히 뇌 작용에 의존하기 때문이다. 뇌가 손상되면 정상적인 의식 활동에 문제가 생긴다는 것은 당연한 사실이다. 하지만 물질 간의 상호작용은 원인과 결과의 관계가 기계적으로 측정될 수 있는 절대적 인과관계인 것에 비해서 정신과 물질의 상호작

---

3) 수소의 속성으로 헬륨의 속성을 설명할 수 없다.

용은 질적으로 다른 속성을 가지기 때문에 다소 성긴 인과관계라 할 수 있다.

차례

0. 전제 　　　　　　　　_4
1. 효용·가격·간극 　　　_10
2. 불평등 정도·지대 과세 　_20
3. 정부 　　　　　　　　_29
4. 법과 제도·경제 인프라 　_38
5. 교육 　　　　　　　　_50
6. 결론 　　　　　　　　_57

1장의 보충 1. 분업결과물의 분배　　　　　　　64
　　보충 1-1. 규제철폐·시장개방　　　　　　71
　　보충 2. 한계생산성 이론　　　　　　　　73

2장의 보충 1. 마르크스의 오류　　　　　　　76
　　보충 2. 행동경제학에 대한 반론　　　　　81
　　보충 3. 세율과 근로시간　　　　　　　　84

3장의 보충 1. 통화정책　　　　　　　　　　90

4장의 보충 1. 나폴레옹 법전　　　　　　　　93
　　보충 1-1. 하센하우젠 전투　　　　　　　96
　　보충 2. 1848 혁명　　　　　　　　　　101
　　보충 2-1. 베른슈타인　　　　　　　　　105
　　보충 3. 통화량(상징)과 생산량(실재)　　107
　　보충 4. 미국·아르헨티나　　　　　　　117
　　보충 4-1. 2등 죽이기　　　　　　　　　127

5장의 보충 1. 아랍의 봄　　　　　　　　　130
　　보충 2. 체제 전환　　　　　　　　　　134
　　보충 2-1. 초과이익공유제　　　　　　　151
　　보충 2-2. 신자유주의와 농민공　　　　　157
　　보충 3. 대한민국 교육의 문제　　　　　161
　　보충 3-1. 이성　　　　　　　　　　　　166

변명　　　　　　　　　　　　　　　　　　168

1. 효용[1]·가격·간극

 물질적인 인간이 존재를 유지하기 위해서는 외부로부터 에너지를 공급받아야 한다. 그런데 인간에게 필요한 에너지가 항상 알맞은 형태로 존재하는 것은 아니다. 당연히 특정 물질을 에너지를 제공하거나 보존해 주는 형태로 변환시켜야 한다. 이러한 활동을 노동이라 하며 결과물을 재화라 한다. 즉 노동은 재화를 생산하고자 하는 정신적 물질적 활동이다.[2]

 인간존재 유지에 필요한 재화는 다양하다. 특정 개인이 자신에 필요한 모든 재화를 생산하는 것이 불가능한 것은 아니다. 그러나 특정 개인이 모든 재화를 타인보다 더 잘 생산할 수 있다고 극단적으

---

1) 주목을 끌기 위해 책의 제목에서 '가치'라는 표현을 사용했지만 '가치'는 경제학을 넘어 광범위한 분야에서 다양한 의미로 사용되기에 오해 오독의 여지가 있다. 때문에 '주관적 만족도'를 뜻하는 경제학 용어인 '효용'을 사용하겠다.
2) 당연히 정신노동도 노동이다. 언급했듯이 정신은 물질인 뇌활동에 의존하기 때문에 에너지를 소비한다. 육체노동과 결합하여 명백히 효용을 생산한다. 100% 정신노동 혹은 육체노동은 없으며 어느 정도 상호 결부된다. 또한 노동을 넓은 의미로 정의하면 장래의 노동생산성 향상을 위한 학습도 노동이라 할 수 있다. 그런데 정신활동은 기수화할 수 없다. 양적측정이 불가능하기 때문이다. 따라서 평균노동량이라는 개념이 있을 수 없으므로 노동가치설의 성립이 불가능해진다.

로 가정하더라도 그 경우 역시 타인과 분업하는[3] 것이 비교우위에 의해 더 많이 생산할 수 있다(보충 1. 분업결과물의 분배). 따라서 각 개인은 자신의 분야에서 특정한 노동으로 특정 재화를 생산한다.[4]

이렇게 각자 분업으로 생산한 재화를 자신이 필요로 하는 다른 재화와 교환해야 한다. 그리고 이러한 교환을 가능하게 해 주는 수단이 화폐이다(대부분의 재화는 화폐를 수단으로 교환이 이루어지며 이 경우 상품이라 한다). 따라서 필요한 재화(상품)를 구매할 수 있게 해 주는 화폐 즉 돈에 대한 필요는 당연하다.[5]

---

3) 내적 요인에 해당하는 개인의 자질 차이와 외부 요인인 환경의 차이에 의해 분업은 필연적이다. 분업은 전문화를 촉진시켜 생산성을 증대시킨다. 다만 거시적 총체적 이해를 어렵게 하고 자신의 분야 외의 무지함으로 인해 외부 요인에 의해 구속 억압 강제되는 부작용이 존재한다.

4) 물론 대부분의 개인들이 비교우위 이론을 인식하고 자율적으로 분업에 임하는 것은 아니다. 오히려 넓게는 자본주의, 좁게는 분업이라는 상황을 구조적으로 강요받는다고 할 수 있다. 그렇다고 자본주의와 분업이 부정적이라는 것은 아니다. 자본주의는 지금껏 존재한 생산양식 중 가장 효율적인 체제이다. 그렇기에 현재의 구조로 자리 잡은 것이다. 문제는 구체적인 분업의 형태에 대한 선택에 있어서 자율성의 문제이다. 분업의 자율성 즉 직업선택의 자율성이 높아질수록 진출입 기회의 확대로 완전경쟁에 가까워진다. 완전경쟁에 근접할수록 생산량은 증대된다. 또한 그럴수록(선택에서의 자율성이 높아질수록) 구조에 의한 억압과 강요라는 부정적 영향이 감소된다.

5) 경제학 교과서에서는 재화와 서비스를 구매할 수 있게 해 주는 수단으로서의 돈의 역할만 언급하고 있다. 하지만 돈은 소유 자체만으로도 욕구에 해당하는 정신적 만족을 일부 충족해 주기도 한다. 수단으로서의 돈의 역할을 넘어서서 그 자체로 목적이 되는 이유이다. 따라서 수단과 목적으로서의 돈에 대한 필요와 욕구는 당연하다. 하지만 돈을 포함하여 어떤 물질적 수단으로도 정신의 궁극적 만족은 인간존재의 무목적성 때문에 불가능하다. 뒤에서 다시 설명하겠다.

이러한 화폐를 얻기 위해 각자 자신의 분야에서 노동하게 된다. 그런데 대부분의 사람들이 생각하는 것과는 달리 소득의 크기와 직접적인 인과관계를 가지는 것은 노동량이 아니다. 노동량이 아니라 효용생산량에 의해 소득이 정해진다고 경제학자들은 얘기한다. 그리고 그래야만 노동을 유용한 생산활동으로 이끌게 된다고 한다. 소득과 직접적으로 비례하는 것은 노동량이 아니라 효용생산량이라는 것이 경제학의 기본 전제이다(보충 2. 한계생산성 이론). 과연 그럴까?

예를 들어 보자. 맨해튼에는 슈퍼 리치들이 이용하는 유명한 반려견 식당이 있다. 이곳에서 반려견을 위한 메뉴의 평균가격은 한화로 약 10만 원 정도이며 요리사의 연봉은 1억 이상이라고 한다. 고부가가치 상품인 아이폰이 최종 생산되는 곳은 중국 심천에 있는 폭스콘 공장이다. 이곳 노동자들이 끼니를 해결하는 심천의 시장 내 국수 가격은 한화로 1천 원에 못 미치고 주방장의 연봉 역시 1천만 원 안팎이라고 한다.[6] 앞서 언급했듯이 경제학자들은 소득이 효용생산량과 비례한다고 한다. 그리고 특정 재화에서 얻는 효용(만족도)의 크기는 가격에 의해 측정된다고 얘기한다(효용이론). 그래서 뉴욕의 개밥이 심천의 국수보다 100배의 효용을 가지는가? 다시 말해 개가 개밥을 먹을 때 개 주인이 느끼는 만족도가 노동자가 국수에서 얻는 만족도보다 100배 더 크다는 말인가? 또한 개밥 요리사가 (고부가가치 상품인 아이폰을 생산하는) 노동자의 식사를 제공하는 주방장보다 10배의 효용을 생산하는가? 당연히 아니다. 효용생산량과 소

---

[6] 이 글의 초고를 작성하던 22년의 상황이다.

득 사이의 비례관계도 성립하지 않는 듯하다.

 위의 개밥과 국수의 예처럼 물과 다이아몬드의 역설로 대표되는 효용과 가격의 괴리현상은 스미스 이래 많은 고전파 경제학자들을 머리 아프게 한 주제였다. 하지만 한계효용개념을 도입한 제번스에서 시작하여 마셜이 '한계효용에 의해 가격이 결정된다'—한계효용(최종 만족도)이 높다면 지불용의가 클 것이며 지불용의가 크다면 높은 가격을 수용한다—라는 효용이론을 완성함으로써 문제를 해결하였다고 평가받는다. 즉 개밥의 한계효용이 국수의 한계효용보다 100배 크기 때문에 가격의 차이로 나타난다는 것이다. 요컨대 개밥의 가격이 국수보다 100배 더 높은 이유는 개 주인이 개밥에서 얻는 주관적 만족도가 농민공이 국수에서 얻는 만족도보다 100배 더 크기 때문이라는 것이 신고전학파 경제학자들이 주장하는 효용이론의 내용이다.

 '개 주인의 만족도가 농민공보다 100배 더 크다'라는 결론에 대한 이해 혹은 동의 여부와는 별개로 여하튼 현실경제에서는 개밥이 국수보다 100배 더 비싼 가격에 거래되고 있다. 중요한 것은 개 주인들이 개밥에 높은 가격을 지불하는 이유이다. 10만 원의 가격을 지불하는 이유에 대해 질문한다면 개 주인과 경제학자들은 이렇게 대답할 것이다. "그만한 가치(효용)가 있으니까요." 보통 사람들은 동일한 질문에 뭐라고 답할까? 아마 이렇게 얘기할 것이다. "개 주인이 돈이 많으니까요." 대부분 농민공인 폭스콘 노동자 중에도 개를 키우는 경우가 있다. 외로운 타향살이라는 여건상 뉴욕의 개 주인보다 오히려 애정이나 관심도가 더 높을 것이다. 개밥에서 얻는 만족도가 더 클 것이라는 얘기이다. 그러나 절대로 10만 원 가격의 개밥을 사 줄 수는 없다. 당연히 돈이 없기 때문이다. 뉴욕의 개 주인이 개밥의 높은 가격을 수용하는 이유는 **효용(만족도)이 크기 때문이 아니라 돈이 많기 때문이다**.

언급했던 효용이론이 의미하는 바는 다음과 같다. 특정 재화에서 누리는 효용(만족도)의 크기는 사람들마다 다르다. 효용(만족도)의 크기에 의해 필요로 하는 정도가 정해진다. 필요 정도가 크다면 당연히 지불용의가 클 것이며 상대적으로 높은 가격을 수용한다. 따라서 시장에서 높은 가격을 수용하는 이에게 재화가 배분되는 것이 효용을 극대화하는 가장 효율적인 방법이다.

그런데 여기서 '지불용의가 크다면 높은 가격을 수용한다'라는 전제를 다시 생각해 보아야 한다. 경제학 교과서에서는 소비자가 수용하는 가격을 통해 지불용의가 측정된다고 가정한다. 그러나 가격으로 나타나는 지불용의는 명목지수일 뿐이다. 중요한 것은 실질지불용의이다. 당연히 국수에 대한 심천 노동자의 실질지불용의(필요로 하는 정도)가 뉴욕 부자의 개밥에 대한 실질지불용의보다 더 크다. 10만 원 가격의 개 식당을 이용하는 사람은 뉴욕에서도 분명히 상류층일 것이다. 심천 노동자는 중국 내의 빈곤층을 대표하는 농민공이다. 뉴욕의 슈퍼리치와 중국 농민공의 소득 자산의 차이는 개밥과 국수 가격의 차이보다 더 크다. 요컨대 가격으로 나타나는 개밥 10만 원과 국수 1천 원은 명목지불용의이다. 그렇다면 실질지불용의는?

$$\frac{10만\ 원}{3백억\ (뉴욕\ 부자의\ 자산)} = \frac{1}{3십만} \ . \ \frac{1천\ 원}{3백만\ (농민공의\ 자산)} = \frac{1}{3천}\ 이\ 실질지불용의이다.$$

$$실질지불용의\ =\ \frac{명목지불용의(가격)}{자산}\ .$$

    국수에 대한 실질지불용의가 개밥보다 100배 더 크다. 그러나 **재화는** 필요로 하는 정도에 해당하는 실질지불용의가 큰 주체가 아니라 명목지불용의인 높은 가격을 수용하는 쪽으로 분배된다. **필요로 하는 사람이 아니라 부자에게 분배된다.** 그리고 소득의 크기는 효용 생산량이 아니라 재화의 가격과 비례한다.[7]

    지금까지 실질지불용의와 명목지불용의의 구분을 통해 효용과 가격의 괴리에 대해 살펴보았다.[8] 물론 반론이 충분히 가능하다. 개밥

---

7) 생산자와 판매자에게 중요한 것은 효용이 아니라 가격이다. 효용이 큰 재화가 아니라 가격이 높은 재화로 생산과 판매가 편중된다. 경제학자들은 시장에서 가격이라는 신호에 의해 많은 사람이 원하는 재화를 생산한다고 주장하지만 실제로는 많은 사람이 아니라 많은 자본이 원하는 것을 생산한다.
8) 지불용의 구분에 대하여 다음과 같은 반론이 있을 수 있다. 부자의 한 끼 식사가 10만 원, 농민공은 천 원이라고 예를 들어 보자. 그러면 부자의 실질지불용의는 10만/3백억=1/3십만, 농민공은 1천/3백만=1/3천이다. 농민공의 실질지불용의가 역시 100배 더 크다. 실질지불용의는 필요로 하는 정도이다. 그런데 필요로 하는 정도만큼 효용생산에 기여한다고 가정해 보자. 부자의 자산은 누적효용생산량이다. 한 끼 10만 원의 식사가 3백억 효용생산에 기여하는 정도는 1/3십만이다. (3백억×1/3십만) 따라서 10만 원의 효용을 생산해 낸다. 1천 원의 국수는 3백만 자산에 1/3천만큼 기여했다. (3백만×1/3천) 1천 원의 효용을 생산해 낸다. 구체적 가격이나 필요 정도는 실제 상황에서 다를 수 있지만 기본 원리는 동일하며 결과도 마

과 국수는 일부 사례이며 대부분의 경우 효용에 대한 가격의 상징기능[9]은 잘 작동하고 있다고 말이다. 필자도 진심으로 지금까지의 내용이 일반화의 오류에 해당하기를 바란다.

2007년 애그플레이션(agflation)이라는 신조어가 탄생했다. 기후변화에 따른 작황불황으로 농산물가격이 폭등하고 연쇄적으로 다른 분야에까지 영향을 미쳐 전 세계적인 경기불황으로 귀결된 상황을 일컫는 용어이다. 시작은 물론 수확 감소라는 공급측면이다. 그러나 공급이 줄어들긴 했지만 수확량 및 비축량은 전체 세계 인구를 먹여 살리고도 남을 수준이었다. 상황을 악화시킨 것은 수요측면이다. 선진국의 기존 수요에 더해 일부 중진국의 소득 증가로 인

찬가지이다. 즉 10만 원의 식사는 10만 원의 효용을, 1천 원의 국수는 1천 원의 효용을 생산한다. 따라서 (명목)가격은 정확히 (실질)효용을 반영한다. 이에 대한 재반론은 다음과 같다. 위의 반론에서 전제는 소득과 효용생산량이 일치한다(자산은 누적효용생산량이다)는 것이다. 한계생산성 이론이 현실설명력이 없다는 것은 보충 2에서 얘기하겠다. 소득(자산)은 효용생산 외에 지대에 의해서도 발생하며 고소득자일수록 지대의 비중이 더 커진다. 지대는 효용생산과 상관없이 제한된 공급 상황에 의해 추가로 발생하는 이익이다.
[9] 가격은 효용에 대한 측정치이다. 다시 말해 효용이 실재이고 가격은 상징이다. 沙果 혹은 apple이라는 단어가 빨간 껍질을 가지고 아삭아삭한 맛을 느끼게 해 주는 과일을 지시하지만 沙果, apple이라는 문자가 그 과일 자체는 아니다. 상징은 인간이 인위적으로 실재에 대응시킨 결과물이다. 따라서 필연적으로 간극이 존재한다. 가격 역시 효용을 계량화하는 상징일 뿐이며 당연히 간극이 발생한다. 간극의 크기에 영향을 미치는 요인은 불평등 정도이다.

하여 이전보다 육류 소비량이 늘었고 그에 따라 가축사료로서의 곡물 소비량이 점진적으로 증가하는 추세였다. 거기에 더해 치솟는 유류가격에 대한 대안으로 바이오연료에 대한 수요까지 가세하였다.[10] 이러한 수요 증가가 지속되는 중에 작황불황이라는 공급부족이 겹치면서 애그플레이션으로 귀결된 것이다. 결과는 치명적이었다. 값싼 곡물로 생존을 이어가던 최빈국의 극빈층들은 굶주림의 심화와 기아라는 극단적인 상황으로 내몰렸다.[11] 잘사는 사람들의 고기 소비량을 늘리고 휘발유값을 절약하기 위해 절대빈곤층의 상황이 더욱 악화되었다. 추가로 안타까운 사실은 선진국의 축산업체나 바이오 에너지기업들의 수익악화 주가하락 등에 대해서는 실태조사와 뉴스 등이 많았지만 굶주리고 있는 저개발국 빈곤층의 상황에 대해서는 관심과 보도가 미미했다는 것이다. 이유는 돈이 되지 않기 때문이다. 자료나 뉴스도 넓은 의미에서 재화이다. 연구소나 언론사도 결국 자본에 의해 움직인다. 저개발국 빈곤층에 대한 실태조사와 그에 관한 보도는 당연히 돈이 되지 않는다. 여하튼 옥수수를 소 돼지가 먹을 때와 사람이 먹을 때 어느 경우에 효용이 더 높은지는 말할 필요도 없다. 하지만 현실에서는 빈곤국의 굶주리는 아동들이 먹어야 할 옥수수를 소 돼지가 먹고 있다.

최근의 경제학 교과서마다 공통적으로 언급되는 주제가 있다. 인

---

10) 중국으로 대표되는 신흥공업국의 성장으로 인해 석유 수요가 증가함으로써 가격이 폭등했고 이에 대한 대안으로 곡물을 재료로 하는 바이오연료에 대한 수요가 커지고 있었다.
11) '아랍의 봄'의 촉발 계기가 애그플레이션이었다.

체 장기에 관한 것이다. 당연히 공급과 수요가 있지만 가격에 근거한 시장원리에 따르지 않기 때문에 만성적인 공급 부족 상태라고 한다. 학자들이 조심스럽게 언급하긴 하지만 시장원리에 맡기면 지금보다 나은 상황이 될 것이라고 얘기한다. 그러나 시장원리에 맡긴다면 결과는 명확하다. 저개발국[12] 청소년의 장기가 플로리다에서 여유 있게 노후를 즐기고 있는 노친네에게 갈 것이다.

필자는 효용에 대한 가격의 상징기능을 부정하는 것이 절대 아니다. 가격을 통해 시장이 작동한다. 가격을 부정하는 것은 시장을 부정하는 것이고 시장이 부정되면 다시 이전처럼 기득권을 가진 소수의 결정에 의해 생산과 분배가 이루어지는 비효율적인 체제로 회귀할 것이다. 가격과 시장이 최선이며 대안도 없다. 핵심은 효용에 대한 상징인 가격기능의 효율성을 높이는 것 즉 효용과 가격의 간극을 줄임으로써 시장기능을 제고하는 것이다.[13] 당연히 간극의 크기

---

[12] '개발도상국'이라는 용어는 선진국 입장에서는 자신과의 거래를 통해 저개발국이 발전하고 있다는 자기합리화, 저개발국에게는 자신이 발전하고 있다는 자기기만의 효과를 가진다. '저개발국'이라는 표현이 실제 현실에 더 적합하다고 생각된다.

[13] 앞서 분업에 의한 전문화로 생산성이 증대된다고 했다. 분업의 전제조건은 교환이며 교환의 수단인 화폐의 속성은 기수화 즉 가격이다. 다시 말해 가격기능이 분업과 전문화의 효율성을 높여서 생산성을 증대시키는 것이다. 따라서 한계효용에 대한 기수화라는 가격기능에 문제가 생기면 분업과 전문화의 효율성이 저하된다. 또한 화폐의 계산수단으로서의 기능 (기수화) 덕분에 다른 기능인 가치저장과 교환의 매개수단으로서의 기능이 가능해진다. 즉 가장 본질적 속성은 측정과 계산을 가능하게 하는 기수화이다. 당연히 한계효용에 대한 기수화가 정확하지 못하다면 다른 기

는 부의 불평등 정도와 비례한다. 부의 불평등 정도가 클수록 재화는 필요로 하는 사람이 아니라 부자에게 분배된다. 부의 불평등 정도가 덜할수록 재화는 크게 필요로 하는 주체에게 돌아가고 총효용이 증대된다. 실질지불용의(필요로 하는 정도)가 더 큰 주체에게 재화가 분배되어야 하는 이유는 실질지불용의(필요로 하는 정도)가 클수록 필수재에 가까우며 말 그대로 생존에 꼭 필요한 필수요소를 공급함으로써 이후의 생산활동을 가능하게 하여 생산력 증대에 기여하기 때문이다. 필수재 소비는 장래 생산력 증대라는 파생효과를 가진다. 즉 필수재 소비는 투자이기도 하다. 부의 불평등이 심화될수록[14] 인적·물적 자원을 필수재에서 사치재로 편중시켜 미래 생산성(증가율)을 하락시킨다.

능에도 문제가 생긴다.
14) 부유층의 소비율이 더 낮기 때문에 불평등 심화는 소비 감소를 초래한다. 소비 감소는 생산 감소-고용 감소-소득 감소-소비 감소로 악순환된다.

2. 불평등 정도·지대 과세

 앞선 글에 의해 부의 완전평등을 통해서 효용과 가격을 일치시키는 것이 자원의 가장 효율적인 배분을 유도할 테니 그것을 목표로 해야 한다고 생각할 수도 있다. 결론부터 얘기하자면 부의 완전한 평등은 절대로 있어서는 안 된다. 차라리 불평등이 더 낫다. 불평등이 심한 사회는 일부라도 부유하게 만들지만 완전평등 사회는 모두를 파멸시킨다. 현실적으로 각자의 노동은 양과 질이 다르다. 따라서 생산량의 차이는 필연적이다. 인위적으로 부의 완전평등을 이루면 노동에 대한 동기부여가 이루어질 수 없고 생산량 하락이 아닌 말 그대로 파멸하게 된다. 현실사회주의의 몰락이 이를 증명한다. 일부 좌파들은 현실사회주의의 몰락이 정통공산주의가 아니었기 때문이라 주장한다. 하지만 능력에 따라 일하고 필요에 따라 분배받는 이상적 공산주의가 실현되었더라면 몰락은 더 빨리 왔을 것이다(보충 1. 마르크시즘의 오류). 소수의 이상주의자들은 반박할지도 모른다. 근로의욕과 부의 획득 간의 상관관계는 교육 계몽을 통한 인간성의 개선으로 극복할 수 있다고 말이다. 일부 그러한 사례들이 있기는 하다. 하지만 말 그대로 극히 일부 경우이며 이를 근거로 하는 것은 전형적인 일반화의 오류이다.
 오스트랄로피테쿠스 이후 수백만 년 동안 대부분의 인간에게는 풍족한 식량이라는 개념이 없었다.[1] 인류사 대부분의 기간 동안 대부분의 인간에게 굶주림은 일상이었고 지금도 많은 사람이 그러하다. 따라서 먹거리(재화)를 얻기 위한 직접적인 행동이 필요할 때 외에는 가능한 한 에너지 소모를 줄이려 하는 것이 합리적인 태도이며 유전자에 각인되어 있다고 할 수 있다. 특히 굶주리고 있을 때, 필수재가 결여되어 있을 때는 그 정도가 더하다. 가능한 한 많은 에너지를 보유함으로써 미래의 불확실성에 대비하고자 하는 것은 당연한 생물학적 본능이다. 직접적 재화생산과 관련 없는 일에 생각을 안 하려는 이유도 두뇌활동에 많은 에너지가 소모되기 때문이다. 뇌는 다른 기관보다 약 3배의 에너지를 소모한다(보충 2. 행동경제학에 대한 반론). 노력(에너지 소모) 여부와 무관하게 고정급여(재화 획득)가 보장되는 공무원 등의 경우 노동의욕이 줄어드는 것은 당연하다. 사회주의는 모두가 공무원인 실제 사례이다. (재화 획득과 상관 없는 일에서 나타나는) 게으름은 인간의 자연스러운 본성이다. 최소비용으로 최대효과는 경제학적 개념 이전에 생물학적 원리이다. 따라서 부의 완전한 평등은 인간 본성에 의하여 치명적 결과를 초래한다. 그러나 앞서 얘기했듯이 부의 지나친 불평등도 비효율적 재화배분으로 생산성 증대를 방해한다. 그렇다면 어느 정도의 불평등일 때 노동의욕 고취와 재화의 효율적 분배라는 상충되어 보이는 두 요소를 최대한 조화시킬 수 있는가? 그러나 특정 불평등 정도를 목표

---

1) 맬서스 트랩을 최초로 벗어난 것은 18세기 영국에서였고 우리나라의 경우 20세기 중반까지도 보릿고개라는 단어가 있었다.

로 설정하면 안 된다. 설정선을 규정하는 것은 어려운 정도를 넘어서 불가능하기 때문이다. 개별 공동체가 처해 있는 상황 환경 구조가 각기 달라서 일률적 기준을 적용할 수 없다.[2]

이 난제에 대한 롤스의 훌륭한 답이 있다. 공동체는 구성원들에게 기회의 균등을 보장해야 한다는 것이다. 기회가 개방된 경우에만 노력과 자질에 의한 사회적 경제적 불평등이 인정될 수 있으며 불평등이 동기를 부여하고 이를 통해 생산에 적극 참여함으로써 총생산량이 확대되므로 불평등이 모두에게 이익이 된다. 중요한 것은 과정이지 결과가 아니다. 과정이 공정하다면 결과에는 수긍해야 하고 그

---

2) 그러나 굳이 설정선을 정한다면 최후통첩게임을 참고할 때 상위 50%와 하위 50%의 분배율이 7:3~6:4 정도일 것이다. 7:3 이상인 불평등 사회에서 하위층은 자신의 노력만큼 대가가 돌아오지 않는다고 생각하기 때문에 노동의욕이 저하될 것이다. 실제 상황에서도 불평등 정도가 클수록 부유층의 부는 노동소득보다 자본소득의 비중이 커지는 것이 사실이다. 따라서 부자들은 효용을 생산하는 노동보다는 지대가 많은 부분을 차지하는 자본소득에 집중할 것이고 저소득층은 노동에 의한 효용생산량의 많은 부분을 지대로 빼앗긴다고 생각하기 때문에 노동의욕이 저하될 것이다. 반면 6:4 이하일 경우 부자는 자신의 기여분만큼 분배받지 못한다고 생각하고 저소득층은 노력 여부와 관계없이 일정 부분 분배받기 때문에 역시 양측 모두 노동의욕이 저하될 것이다.

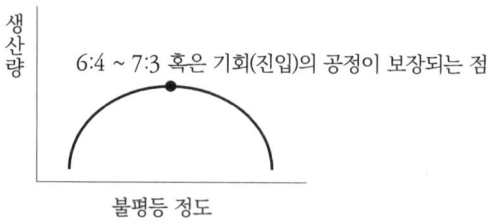

럴 것이다. 그렇다면 기회균등의[3] 구체적 조건은 어떠한 형태인가? 당연히 최소한의 존재 유지를 위한 의식주에 해당하는 좁은 의미의 필수재 충족과 넓은 의미에서 역시 필수재라 할 수 있는 교육과 의료혜택 그리고 법적 권리가 보장되어야 한다. 물론 교육, 의료, 법률에 의한 인권보장 등을 포함하는 넓은 의미에서 필수재를 정의하는 것 역시 쉬운 일은 아니다. 각 경제공동체마다 처한 상황과 보유하고 있는 자본량 등에서 차이가 있기 때문이다. 예를 들어 현재 대한민국 가구의 경우 승용차는 필수재에 해당하지만 저개발국의 경우 승용차는 사치재인 경우가 많다. 또한 지금의 우리나라에서는 필수재이지만 불과 한 세대 전만 해도 일반 가정에서 승용차란 사치재였다. 그리고 같은 승용차라고 해도 1,600cc까지가 필수재인가? 2,000cc까지가 필수재인가? 또한 의료비의 경우 본인 부담률을 어느 정도로 해야 하는가? 100% 공동체가 부담하는 일부 선진국에서 나타나는 의료서비스의 질적 저하, 우리나라 일부 노년층의 한의원 사랑방과 같은 부작용이 존재하는 것은 엄연한 사실이다. 그리고 그러한 부작용을 근거로 기득권층은 복지를 통한 필수재 보장에 대하여 반대 논리를 주장한다. 그러나 일부 사례일 뿐이며 필수재 보

---

[3] 기회균등의 원칙은 경제활동 참여 이전은 물론이고 이후에도 적용되어야 한다. 특정 집단에의 소속이 계속 보장될 경우 다시 말해 집단 간 이동이 불가능할 경우 동기부여가 약해지며 불평등도 고착화시킨다. '노력은 위로 올라갈 수 있다는 기대와 밑으로 떨어질 수 있다는 공포와 결합된다.'라는 말이 있다. 공무원 대기업 등 선호집단의 고용유연성이 확대되는 것에 대해 연공서열에 의한 호봉제 등도 개혁해야 한다. 복지 증대와 고용유연성 확대는 같이 가야 한다는 많은 이들의 주장에 적극 동의한다.

장은 기회균등을 통한 완전경쟁 근접으로 생산량 확대라는 순기능이 더 크다. 복지제도와 1인당 GDP는 상관관계가 아니라 인과관계를 가진다. 부의 증대로 복지를 이루는 것이 아니라 복지로 부를 이루는 것이다. 복지는 비용이 아니라 투자이다.[4] 여하튼 교육과 의료를 포함하는 필수재 충족으로 기회를 공정하게 만드는 선까지만 조정하고 그 이후의 불평등은 용인해야 한다. 그럼으로써 분배 효율성과 근로의욕 고취 둘 다 이룰 수 있다. 따라서 그러한 지점까지 도달하게 하는 재정정책과 재원 마련의 수단인 조세정책이 필요하며 부가적으로 부의 불평등을 완화시키는 효과도 발생한다. 요컨대 재원이 필요하며 징세가 수단이 된다. 세금징수는 당연히 누진적으로 행해져야 한다.[5][6] 누진세에 대해서는 당연히 부자들이 반발할 것이다.

---

[4] 많은 경제학자들이 복지와 의료 같은 사회보장은 이전지출이므로 가처분소득을 변화시키지 않는다고 얘기한다. 하지만 그 이상이라 할 수 있다. 이전되는 절대량이 동일하더라도 한계수확체감 법칙과 저소득층의 상대적 높은 소비율 때문에 효과가 증대된다. 물론 수혜 대상의 도덕적 해이와 집행 주체의 부정이라는 부작용도 분명히 존재한다. 부작용에 대한 대안은 설계와 집행 주체인 정부의 역량과 도덕성이다.

[5] 부유층이 강조하는 시장기능은 공공시스템과 연관되어 있으며 공공부문 없이는 기능할 수 없다. 많은 부를 가지고 싶은 것은 당연하며 그러한 부를 지속적으로 유지하고 싶은 것도 당연하다. 그러기 위해서는 사회가 안정적이어야 한다. 안정된 사회의 혜택을 많이 누리는 것은 당연히 부유층이다. 부자들이 공공부문의 혜택을 더 누리므로 누진세의 당위성은 성립된다. (가 알페로비츠 외, 『독식비판』, 민음사, 2011, p. 101.)

[6] 『맨큐의 경제학』에는 고율의 사치세에 대한 반대 논리가 언급된다. 사치품은 수요가 탄력적이기 때문에 조세로 인한 피해가 소비자가 아니라 해당 산업의 근로자에게 돌아간다는 것이다. 실제 미국에서는 이 주장을 받아들여 세부담을 완화시키기도 했다. 하지만 사치재 전체에 대해서 부과하면

합법적으로 부를 이루었는데 그에 대하여 높은 세율을 적용한다면 노동에 대한 동기부여가 저하될 것이라고 말이다(보충 3. 세율과 근로시간).[7] "so what?" 피케티에 대한 맨큐의 직접적인 반응이다. 범죄와 같은 반사회적 행위가 아니라 합법적으로 정정당당하게 획득한 부에 대하여 적대시하고 징세하면 창의적 노동에 대한 동기부여가 이루어지지 않아 오히려 생산성을 저해시킬 것이라고 주장한다. "게이츠가 윈도우를 발명함으로써 얼마나 많은 효용을 창출했는가? 게이츠가 최고 부자이긴 하지만 그가 만들어 낸 효용에 비한다면 그의 부는 오히려 미미하다 할 수 있다. 그런 노력의 결과물을 빼앗아 간다면 누가 발명 발견 혁신 등에 힘을 쏟겠는가?" 합법적인 부에 대한 누진세는 근로의욕 저하라는 부작용을 야기하는 것도 사실이다. 그러나 그러한 위대한 발견 발명 혁신이라는 것도 절대 혼자서는 이룰 수 없다는 것을 앞선 게이츠의 사례를 들어 알페로비츠와 데일리가 훌륭히 논박했다. 윈도우는 어느 날 갑자기 특정 개인이 만들어

된다. 그러면 사치재 산업 전체가 축소되고 인적·물적 자원이 생산적 분야로 재배치될 것이다. 해당 근로자들의 일시적 불이익이 발생하겠지만 사회안전망으로 피해를 축소시키면 전체적인 효율성은 분명 증대된다. 물론 본문에서 언급했듯이 어떤 산업이 해당되는지, 동일 산업이라도 어디까지가 필수재인지 구분 짓는 것은 어렵다. 하지만 난점이 있다고 해서 회피해서는 안 된다. 가격에 따른 누진율 등의 대안도 분명히 있다.

7) **실제 상황에서는 고율의 누진세 적용 시 부자들의 동기부여가 낮아지는 것이 아니라 그냥 해외로 이탈한다.** 위법행위가 아니더라도 조세 피난처와 같은 각종 편법에 더해 금융공학과 IT기술의 발달로 자본의 해외이동은 시간과 장소에 관계없이 즉각적으로 이루어지는 상황이다. 이런 현실 상황 때문에 피케티가 글로벌 부유세를 주장하기도 했지만 당연히 실현 가능성은 없다고 보아야 한다.

낸 것이 아니다. 당연히 이전의 많은 양적인 컴퓨터 관련 작업들에 의한 지식 노하우 시행착오가 바탕을 이룬 것이며 특히 세금에 의한 공공연구가 핵심적이었다.[8)9)] 물론 여러 양적인 작업과 성과들을 질적으로 변환시킨 게이츠의 공로가 제일 크다고 할 수 있지만 수천수만 배는 아니며 당연히 그만큼의 부도 정당화될 수 없다.[10)] 또한 구체적 효용을 갖춘 실제 제품으로 만들어지기 위해서는 생산노동자들의 작업이 결부되어야 한다. 소프트웨어인 윈도우만으로는 효용

---

8) 가 알페로비츠 외, 『독식비판』, 민음사, 2011, p. 80, 82.

9) 미적분은 뉴턴이 아니었어도 라이프니츠에 의해, 진화론은 다윈이 아니었어도 월리스에 의해, 전화는 벨이 아니었어도 무치에 의해 발견 발명되었을 것임은 당연하다. 마찬가지로 윈도우는 게이츠가 아니었다 해도 누군가에 의해 개발되었을 것이다. 특정한 개인이 아니어도 발전 단계와 시대적 요구 등을 고려했을 때 비슷한 시기에 다른 누군가에 의해 이루어졌을 것이다. 즉 발명 발견의 가장 핵심 요인은 이전 성과와 동 시기의 협력자들이다. 천재성의 발현 정도는 이전 성과와 동 시기 조력자들의 노력과 자질에 비례한다. 따라서 모든 공로 업적 그에 따른 보상이 특정 개인에 과도하게 집중되는 것은 불합리하다.

10) MS사의 막대한 영업이익 증가에 의한 주가상승과 그로 인한 빌 게이츠의 천문학적인 부의 증대는 윈도우를 탄생시킨 85년도가 아니라 10년 후 끼워팔기를 통한 독과점 형성 시기부터 집중적으로 이루어졌다. 즉 빌 게이츠의 부 대부분은 효용생산에 대한 대가가 아니라 독과점에 의한 지대추구의 결과이다. 이에 대하여 다음과 같은 반박이 있을 수 있다. 95년부터의 주가 상승은 끼워팔기보다는 진정한 window로서 완성된 95버전의 출시 덕분이라고 말이다. 그런데 95년 이후로 지금까지 window는 진화해 왔다. 효용이 계속 증가해 온 것이다. 반면 MS의 주가는 2000년 끼워팔기의 반독점법 위반에 관한 재판에서 MS가 패소한 이후 10여 년 이상 오랫동안 정체 상태였다. 누군가는 MS의 주가상승이 독과점 때문이 아니라 닷컴버블에 기인한다고 반박할지 모른다. 하지만 오히려 MS의 주가상승이 닷컴버블 요인 중의 하나라고 보아야 할 것이다.

이 없다. 하드웨어인 PC를 생산하는 수많은 근로자들의 작업이 더해져야만 윈도우가 효용을 가지게 되는 것이다. 당연히 게이츠 혼자 그 많은 PC를 만들 수 없다. 그런데 효용이 많은 PC는 그만큼 가격이 높지만 PC를 생산하는 근로자는 다른 업종 근로자와 소득이 비슷하다. 효용생산량과 소득은 비례한다는 것이 경제학의 기본 가정이다. 개발자와 노동자가 협업해서 많은 효용을 생산했는데 왜 수천수만 배의 소득 부의 격차가 생기는가? 개발자와 경영자가 노동자보다 수천수만 배의 효용을 생산했기 때문이 아니다. 노동자가 수천수만 배 많기 때문이다. 많은 효용에 독과점 상황이 더해져서 생성된 PC의 높은 가격에 의한 이익 대부분은 게이츠 등 주주(자본가)와 경영자들에게 돌아간다. 근로자는 노동시장에서 공급이 많고 주주(자본가)와 경영자는 소수이기 때문이다. 비정상적인 많은 소득은 노동량이나 효용생산량보다는 수요 공급 상황에 의한 지대에 해당한다.[11] 이러한 지대이익과 그로 인한 부의 불평등의 결과가 장래 생산성 (증가율) 하락을 초래한다는 것은 앞서 이야기했다. 미래 생산량 (증가율) 감소는 모두에게 돌아가야 할 몫을 감소시키기 때문에 지대추구는 넓은 의미에서 착취에 해당한다.[12] 타인의 몫을 빼앗

---

11) 경제학 비전공자를 위해 지대에 대해 간략하게 언급하면 효용생산과 관계없이 제한된 공급 상황에 의해 (생산요소의 공급이 비탄력적인 만큼) 추가로 발생하는 이익을 말한다.
12) 직접적 착취는 착취자와 피착취자가 가시적으로 나타난다. 따라서 변화에 대한 의지와 행동의 발현이 능동적으로 나타난다. 반면 간접적 착취인 지대추구의 경우에는 피착취 상황에 대한 인식이 어렵고 착취자를 특정하기도 곤란하다. 냄비 안의 물속에서 서서히 데워져 가는 개구리처럼 훨씬

아 오는 제로섬의 결과에 그치는 것이 아니다. 총생산량 (증가율)을 감소시키기 때문에 마이너스 결과이다. 결론은 불평등이 효용생산에 의한 것이라면 경제성장을 촉진한다. 하지만 지대에 의한 것이라면 경제성장을 방해한다. 물론 특정 개인의 소득에서 효용생산분과 지대를 구분해 내는 것은 어렵다. 그러나 중위소득 혹은 평균소득의 수백수천 배에 이르는 소득이 어디서 기인하는지는 명백하다.[13]

 현재 상황에서는 마르크스(노동가치설)도 틀렸고 마셜(효용가치설)도 틀렸다. 피케티가 진실에 가장 근접해 있는 듯하다. 따라서 지대에 해당하는 비정상적인 많은 부에 대한 누진세는 정당화될 수 있으며 이를 활용하여 의료와 교육을 포함하는 필수재 공급을 위한 재정정책 및 소득재분배 등으로 장래 생산성 증대를 도모해야 한다. 그리고 그러한 징세와 재정의 주체는 당연히 정부이다.

치명적이다.

[13] 비정상적인 과도한 소득은 지대추구의 결과이며 노동소득보다는 자본소득의 비중이 크기 때문에 오히려 전체 노동의욕을 감소시킨다(고위경영자의 고소득은 노동소득이라 주장하겠지만 그 경우에도 진입장벽에 의한 지대가 상당 부분을 차지한다). 따라서 자본소득에 대한 중과세는 일부 학자들의 주장과는 반대로 노동의욕을 고취시킬 것이다. 효율적 자본운영에 부정적으로 작용할 것이라고 반박하겠지만 자본시장 자체가 독과점 정도가 상당한 불완전경쟁시장이기 때문에 자본소득의 상당부분은 자본운영성과에 대한 대가보다는 지대에 해당한다. 막대한 자본소득에 대한 중과세의 당위성은 충분히 성립된다.

3. 정부

  합리적 판단이 가능한 사람은 타인과 경쟁 대결보다는 협력 공생이 더 나은 결과를 이룬다는 사실을 알고 있다. 하지만 착취유인에 따라 행동하는 일부가 분명히 존재하며 모든 경우에 이들을 특정할 수 없다는 것도 알고 있다. 따라서 합리적 개인에게도 게임이론에 의해 자신만의 이익을 추구하는 것이 최선의 선택이 되어 버린다. 결과적으로 개인 간의 이해충돌은 필연이기 때문에 이를 조정 중재하기 위해 정부가 필요하게 된다.[1][2]

  2차대전기 영국은 고립된 섬나라라는 여건 때문에 자원과 물자 수급에 있어서 어려운 상황이었다. 하지만 전시경제학자들의 노력으로 한정된 자원을 효율적으로 운용함으로써 전쟁을 승리로 이끌어 내는 데 크게 기여하였으며 이를 통해 경제가 계획·지시·통제라는 방법으로 번영을 이루어 낼 수도 있다는 기대감을 가지게 되었

---

1) 완전경쟁은 실제로 존재하지 않기 때문에 시장실패 역시 존재하며 이를 최소화하기 위해 정부개입이 필요하다. 즉 정부의 불간섭이 아니라 정부개입에 의해 완전경쟁 근접이 가능해진다. 또한 공공재나 외부성의 경우에도 민간의 시장원리로는 해결할 수 없다. 민간은 범죄자의 딜레마를 극복할 수 없기 때문에 공공선과 공공이익을 위한 정부역할의 당위성이 성립된다.
2) 부의 불평등이 실재하는 상황에서 정부의 불개입은 불완전경쟁에 의해 독과점 구조를 강화시켜 다시 부의 불평등을 심화시키는 악순환으로 이어진다.

다. 이전 대공황 시기의 미국도 케인스주의를 활용해 극복했다고 자평했으며 소련 역시 30년대의 국가주도개발경제를 통해 후진농업 국가에서 벗어나 2차대전 직전 세계 2위의 공업생산력을 달성하게 된다. 70년대의 동아시아 네 마리 용들 중 3개 국가도 국가주도경제성장의 실증적 예로 거론되고는 한다. 여러 곳에서 이러한 성공 사례들을 얘기하기 때문에 우리는 국가주도개발이 필연적 효율적이라 생각하는 경향이 있지만 실제로는 그 반대인 실패 사례가 훨씬 더 많다.[3] 가장 치명적인 예는 스탈린을 모방한 모택동의 대약진운동일 것이다. 특정 국가 경제의 후퇴를 넘어서 인류사에 유례를 찾아볼 수 없을 정도의 파국을 초래했다.

경제발전에 있어 정부 역할은 긍정적인가 부정적인가? 원론적으로 양면을 다 가지고 있다고 답할 수밖에 없다. 질문을 바꿔야 한다. 정부가 할 수 있는 일은 무엇이고 할 수 없는 일은 무엇인가? 또는 정부가 해야 하는 것은 무엇이고 하지 말아야 하는 것은 무엇인가?

널리 알려진 정부 역할에 대한 견해는 케인즈와 하이에크의 입장으로 크게 나뉜다. 하지만 근본적으로는 벤담과 밀의 생각부터 살펴보아야 한다. 둘 다 공리주의자로 분류되지만 벤담은 쾌락(효용)이 양적으로 측정 가능하다고 주장했으며 밀은 각 개인이 추구하는 행복(효용)은 질적으로 다르기 때문에 수치화가 어렵다고 반박했다. 경제의 계획 조정이 가능하다는 케인즈의 입장은 효용이 구체적 수

---

[3] 저개발국 중 개발경제의 형태를 취하지 않는 나라는 거의 없다. 하지만 의미 있는 성과를 보이는 경우는 극히 일부이다.

치로 측정 가능하다는 벤담의 견해를 전제로 하는 것이다. 반면 각 개인이 추구하는 목적 즉 원하는 효용은 질적으로 다르기 때문에 상대적 수치화가 불가능하다는 밀의 생각은 하이에크로 계승되었다고 보아야 한다. 정리하면 각 재화에서 얻을 수 있는 효용의 크기는 객관적 수치로 비교 가능한가, 혹은 주관적인 선호도의 차이일 뿐인가? 답은 둘 중의 하나가 아니라 재화에 따라 다르다고 할 수 있다. 예를 들면 포터의 필요 대수는 구체적으로 계산 가능하지만 벤츠에 대한 욕구 정도는 수치화가 불가능하다.[4] 재화는 크게 필수재와 사치재로 나뉜다. 필수재란 생존 유지에 꼭 필요한 재화 혹은 그것의 생산재로 사용되는 재화이며 범위를 넓혀 생산성을 높여 주는 인프라 즉 교육 의료 등도 포함된다. 사치재는 생물학적 생존 유지와 인과관계가 없는, 다시 말해 없어도 생존에 지장을 주지 않는 주로 정신적 욕구 만족에 사용되는 재화이다. 필수재의 필요 정도는 계산이 가능하다. 물질적 생물학적 필요 요소이기 때문이다. 반면 사치재의 만족 정도는 측정이 불가능할 뿐만 아니라[5] 인간의 욕구 자체가 무

---

4) 70년대 우리나라 정부는 중화학공업을 육성했으며 사례 중의 하나는 자동차 생산업체에 트럭 등의 상용차량에 대하여 보조금 세제혜택 정책금융 등을 지원함으로써 생산을 장려했다. 하지만 지금의 정부가 벤츠의 수입량과 제네시스의 생산량을 계획 지도한다는 것은 말도 안 된다.
5) 정신현상은 양적 측정이 불가능하기 때문에 기수화할 수 없다고 얘기했다. 사치재는 정신적 만족과 연관되어 있기 때문에 효용의 기수화는 불가능하며 서수적 선호도만 있을 뿐이다. 그러한 선호도 역시 사용주체에 따라 다르며 동일주체라도 상황에 따라 다르다. 그러나 사치재 역시 수요를 찾아가서 이익을 발생시키려는 생산자에 의해 제조되고 판매자에 의해 거래된다. 따라서 효용의 크기가 객관성이 담보될 수 없음에도 불구하고 생산과

한하기 때문에 궁극적 만족이 불가능하다. 욕구가 무한한 이유는 인간존재의 무목적성 때문이며 따라서 정신적 욕구는 어떠한 방법으로도 충족될 수 없다.[6]

인간존재의 목적을 알기 위해서는 원인을 알아야 한다. 그런데 내가 왜 여기 존재하며 무엇을 추구해야 하는가에 대한 완전한 대답을 위해서는 나를 둘러싸고 있는 외부에 대해서도 완벽히 알아야 한다. 왜냐하면 우리는 본능 혹은 의지에 의해 자아와 외부를 구분(자아를 구성)하려 하지만 물리학 학부개론서만 보아도 알 수 있듯이 우리 자신과 외부를 구분 짓는 명확한 물리적 경계선은 존재하지 않는다. 즉 자아와 외부는 연결되어 있다.[7] 따라서 인간존재의 원인과

거래를 위해 가격으로 기수화된다. 기수화됨으로써 필수재와 교환이 가능해지며 상황에 따라 필수재를 구축하는 현상이 나타나는 것이 문제이다.

6) 아래는 유명한 이스털린의 역설을 나타낸 그래프 중 하나이다.

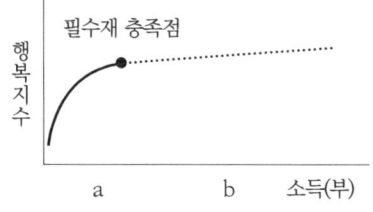

위 그래프의 변곡점은 필수재 충족점이라는 것이 필자의 주장이다. 필수재 충족선까지는 부와 행복 정도가 비례한다. 쉽게 말해 필요는 돈으로 해결된다. 하지만 충족점 이후에는 소득과 행복 정도는 상관관계를 보이지 않는다. 따라서 b구간의 부가 a구간으로 이전되는 정도와 비례하여 사회적 행복도·만족도의 총량은 증가한다. 하지만 현실은 반대로 가고 있다.

7) 애매모호한 철학적 견해가 아니라 엄연한 물리적 사실이다. 고등학교 물리 수준에서는 세상을 이루는 기본적인 최소 입자가 원자라고 배운다. 하지만 그러한 원자와 외부는 완전히 구분되지 않는다. 다시 말해 경계선이 존

목적을 알기 위해서는 세계존재의 이유를 알아야 한다. 그러나 불행하게도 그것을 알 수는 없다. 세계존재의 이유를 알기 위해서는 결국 빅뱅 이전과 그 원인을 알아야 하는데 우리의 인식과 사고의 수단인 이성은 시간과 공간을 전제로 하기 때문이다. 시간과 공간은 빅뱅으로 생겨난 것이다. 따라서 시간과 공간을 전제로 하는 우리의 이성으로는 시공간의 범주를 벗어난 빅뱅 이전과 원인에 대해서 알 수 없다. 결론적으로 세계의 궁극적 원인과 목적은 알 수 없으며 따라서 세계-내-존재인 우리 개인의 원인과 목적도 알 수 없다.[8] 알 수 없다는 것은 실용적 의미에서 사실상 없다는 것이다.[9] 그러므로 세계와 그 안에 존재하는 우리 자신의 원인과 목적도 없다는 결론에 도달한다.[10][11] 결국 우리 존재의 무목적성 때문에 (혹은 목적을 알

하지 않는다. 경계선이 존재하지 않는다는 것은 연결되어 있다는 의미이다. 물론 더 미시적인 원자 내부에서도 마찬가지이다. 세계는 나눌 수 없는 단일체이다. 다만 인간이 실용 목적에 의해 갈라 볼 뿐이다.

8) 따라서 필수재 충족 이후에는 각각의 의견과 목표가 다를 수밖에 없다. (의견 간에는 수직적 위계가 있을 수 없다. 수평적 차이만 있을 뿐이다.) 중요한 것은 다르다는 것이지 틀린 것이 아니다. 해답이 없기 때문에 맞고 틀림이 있을 수 없다. 모든 의견과 주체가 존중되어야 한다. 다름을 틀림으로 간주하고 우열을 가름으로써 타인을 이용(착취)하는 행위를 정당화하거나 반대로 물리적 폭력으로 타도하려는 것 모두 무식의 소치이다.

9) 엄밀히 말해 '알 수 없다'는 것과 '존재하지 않는다'는 것은 다른 의미이다. 물자체에 대하여 우리가 알 수 없다고 해서 존재하지 않는 것은 아니다(물론 헤겔과 버클리의 생각은 다르다). 다만 실용적 관점에서는 동일한 결과를 낳는다.

10) 무목적성은 자칫 허무주의나 염세주의로 귀결될 수도 있다. 하지만 목적을 아는 것이 더 불행하다. 목적의 존재는 결정론적 세계관으로 귀결되며 우리 삶을 수단으로 전락시키기 때문이다.

11) 이성에 의해 논리로 접근한다면 무목적성에 의한 허무주의로의 귀착

수 없기 때문에) 우리의 욕구는 만족될 수 없다.

개인과 외부가 연결되어 있다는 것은 개인 간에도 연결되어 있다는 의미이다. 따라서 각 개인의 합인 공동체는 하나의 유기체에 비유할 수 있다. 유기체의 각 구성요소가 정상적인 상태일 때 지속성이 유지되며 성장할 수 있다. 특정 구성요소의 문제는 궁극적으로 해당 공동체의 문제로 귀결된다. 공동체 내의 일부가 필수재의 결핍으로 존재 유지에 곤란을 겪고 있는 상황에도 불구하고 다른 개체의 만족될 수 없는 욕구를 위해 재화가 낭비되고 있는 상황은 미래 생산량 (증가율) 감소를 초래한다. 애매모호한 윤리적 도덕적 문제가 아니라 생물학적 경제적 문제이다. 따라서 정부가 할 수 있는 그리고 해야 할 우선순위는 해당 국가 내 필요한 필수재를 충족시키는 것이다.

그런데 저개발국과 선진국의 경우 방법상의 차이가 있다. 저개발국은 필수재 충족이라는 공통된 목표가 가시적으로 존재하기 때문에 계획 지시 재정정책 등 정부의 적극적 구체적 역할이 요구된다. 반면 선진국의 경우 각 주체의 목표 혹은 만족도가 다르기 때문에 정부는 개입보다는 개별주체의 판단에 따른 시장원리에 맡겨 두고

은 당연한 결과일 수 있다. 하지만 이성만이 인간 능력은 아니다. 삶의 본질 결여라는 한계와 절망에 굴하지 않고 의지라는 수단으로 맞서고 도전하는 과정 자체로 자신의 본질을 스스로 이루어야 한다는 어느 철학자의 가르침은 착취체제를 정당화하는 그의 과오를 어느 정도 상쇄시킨다. "진정한 행복은 (본질이 없다는) 고통을 회피하지 않고 견뎌 내며 이를 통해서 자신의 힘이 고양되었다는 자긍심을 수반하는 행복감이다." (프리드리히 니체, 『선악의 저편』, 1886.)

공정한 시장원리에 반하는 행위에 대한 감시 규제 처벌 등의 소극적 역할 위주여야 한다(보충 1. 통화정책).[12] 저개발국일지라도 다수의 의견, 집단지성에 의한 시장원리가 더 효율적이라고 반박하는 의견이 있을 수 있다. 하지만 집단지성의 전제조건은 의사결정에 참여하는 구성원의 합리성이다. 그리고 합리성의 전제조건은 생존 유지에 필요한 필수재의 충족이다. 글 앞머리에서 얘기했듯이 인간의 가장 원초적인 인식은 자신의 존재이며 그에 의해 가장 큰 욕망은 자신의 존재유지욕구이다. 존재유지에 필요한 조건이 충족되지 않거나 위협받을 때 오로지 생존본능이 우세하며 합리성은 밀려난다. 더 넓게 더 멀리 생각하는 합리적 판단보다는 지금·당장·오늘의 필요 충족에 우선순위를 두는 본능이 앞서는 것이 당연하다.[13] 그래서 개개인의

---

12) 중재 조정 규제 감시 처벌이라는 (선진국에서의) 정부 역할은 (저개발국에서의) 계획 지시 통제보다 더 난이도 높은 작업이다. 저개발국의 객체는 체제 순응도가 상대적으로 높은 편이다. 그에 비해 선진국 객체의 경우 다양한 방법으로 이견을 피력하고 반대하는 것에 더해(물론 그것이 장점으로 작용하는 경우도 많다) 영악한 기득권층의 경우 갖은 편법과 인지 포획이라는 고차원적인 방법으로 자신들의 지대이익을 정당화시키기 때문이다.
13) "배가 고프면 정신이 흐려진다."라는 영화 대사는 전적으로 옳다. 이성능력을 담당하는 대뇌는 상대적으로 많은 에너지를 소모한다. 생존유지를 위한 에너지가 부족할 때 호흡과 혈액순환을 담당하는 연수, 폐, 심장 등에 우선적으로 분배되기에 에너지가 부족한 대뇌의 이성능력은 저하된다. '배고픈 소크라테스'는 존재할 수 없다. 밀 본인이 배고픔을 경험하지 못한 탓에서 나온 명백한 오류이다. 경제학은 인간의 합리성을 전제하며 경제학자는 그러한 전제에 의해 정책을 설계하고 제언한다. 그러나 현실경제에서는 필수재 결여로 인해 합리성이 부족한 주체들이 존재한다. 정책 실패의 이유 중 하나이다. 경제학자들이 빈곤층의 비합리성이라는 현실상

판단이 전체적으로는 비효율적 결과를 초래하는 현상으로 나타나며 형식적으로 민주주의 체제를 취하고 있는 저개발국에서 포퓰리즘이 반복되는 이유이기도 하다.[14] 따라서 필수재가 부족한 저개발국에서는 그로 인해 합리성이 결여되어 있는 다수대중보다는 역량과 자본보유에 있어 우위에 있는 정부가 주도하는 개발경제가 더 효율적인 방법이다.[15] 반면 앞서 언급했듯이 교육으로 대표되는 경제 인프라를 포함하여 필수재가 충족되어 있는 선진국의 경우 개별구성원들의 합리성이 갖춰졌기 때문에 집단지성에 근거하는 시장원리와 민주주의에 충실하는 것이 더 효율적이다. 합리성이 갖춰진 경우 집단은 속해 있는 어떤 개인보다도 우월하다.

지금까지 정부의 당위성과 역할에 대하여 이야기하였지만 필수적인 전제조건이 있다. 그것은 정부의 역량과 도덕성이다. 당연한 말이지만 정부가 항상 잘 작동하는 것은 아니다. 정부실패의 사례가 훨씬 더 많다. 왜 그런가? 정부는 구성원의 집합 이상이지만 가장 중요한 요소는 역시 인적자원인 공무원과 정치인이다. 그런데 이들이 항상 유능하거나 도덕적인 것은 아니기 때문이다. 공무원의 경우

황을 고려하지 못하는 이유는 그러한 상황을 경험해 보지 못한 상위계층 출신이 대부분이기 때문이다.
14) 정치인들 역시 이기적이기 때문에 기득권유지를 위해서 포퓰리즘을 반복한다.
15) 그러나 실제로는 많은 저개발국의 정치인들이 이러한 논리를 악용하여 자신들만의 기득권을 유지하는 착취적 독재체제를 유지하고 있는 것이 현실이며 때문에 저개발의 악순환에서 벗어나지 못하는 경우가 다수이다.

소득과 노동량과의 인과관계가 덜하기 때문에 타 집단에 비해서 노동의욕이 떨어지며[16] 정치인의 경우 말과는 다르게 항상 그들의 이익이 우선이다. 따라서 해야 할 일과 하지 말아야 할 일, 할 수 있는 일과 할 수 없는 일을 구분하지 못하거나 혹은 의도적으로 하지 않는 경우가 다수이다. 이러한 문제에 대처하여 정부 효율성을 제고시켜 정부실패를 줄이는 방법 중의 하나는 법과 제도의 마련이다.

---

[16] 저성과자를 퇴출시키는 제도를 마련해야 한다. 퇴출에 대비해 부정부패가 늘어날 수도 있다. 그래서 급여인상을 포함하는 처우개선이 동반되어야 한다. 다시 말해 민간분야 이상의 처우를 제공하는 대신 무능력하고 성실하지 못한 자원은 퇴출시켜야 하며 부정부패의 경우 엄중한 처벌을 시행해야 한다. 이러한 방법을 통해 정부조직과 구성원에 대한 투명성과 신뢰도를 높여야 한다.
대한민국 공무원의 경우 다른 국가와 비교할 때 압도적 성과를 보이고 있다. 하지만 국내 타 집단과 비교한다면 동기부여 저하에 의한 상대적 비효율성도 사실이다.

4. 법과 제도·경제 인프라

　18세기까지는 경제적 생산력을 포함한 거의 모든 성과에 있어서 중국이 유럽보다 우위에 있었지만 산업혁명의 결과로 유럽이 추월하게 되었다는 것은 널리 알려진 사실이다. 단순히 유럽이 선두를 차지한 것을 넘어서 산업혁명은 획기적인 생산력 증대로 전체 인류의 삶을 이전과는 완전히 다른 새로운 형태로 바꾸어 놓았다. 그렇다면 왜 지구의 다른 곳이 아닌 외딴 섬나라에서 또한 다른 때도 아닌 1700년대에 시작되었을까? 어떤 이들은 석탄으로 대표되는 지하자원의 보유, 과학지식의 성과 등을 이유로 언급하고 있다. 하지만 루르와 왈롱(벨기에)에도 석탄은 풍부했으며 프랑스나 독일의 과학 수준 역시 영국과 비슷하거나 오히려 앞선 상황이었다. 인류사를 통틀어서 전례 없던 획기적 산업발전이 18세기 영국이라는 지역에서 시작되었던 결정적 요인은 무엇인가?

　산업혁명의 가장 중요한 본질은 과학지식의 실용기술로의 변환이다. 그렇다면 당시 영국인들은 왜 상대적으로 과학의 기술로의 변환에 열심이었는가? 돈이 되기 때문이었다. 기술을 통한 생산력 증대로 부를 이루고자 했던 것이다. 그러나 부에 대한 욕망은 누구에게나 마찬가지이다. 이웃인 프랑스나 독일 사람들은 그런 욕구가 상대적으로 약했다고 가정하는 것은 말이 안 된다. 그러나 부에 대한 욕구를 가지는 것과 실제로 부를 소유하는 것은 다른 문제다.

인류 출현부터 당시까지의 인간은 자연에 대해 무지하고 무기력한 존재였다. 그래서 자신과 세계의 본질에 대한 의문과 해답 그리고 안전에 대한 기원을 위해 신을 가정하고 의존해 왔다. 신이 세상을 창조했고 인간을 포함한 모든 것의 주인인 것이다. 그런데 신은 그 모습을 직접적으로 드러내지 않는다. 자신의 대리자를 통해서 뜻을 전하고 일을 행한다. 그 대리자가 바로 왕이며 따라서 현실 세상의 모든 재산권은 실질적으로 왕에게 귀속된다. 개인이 아무리 열심히 해서 많이 이룬다 해도 궁극적 소유권은 왕에게 있기 때문에 많이 가질수록 뺏길 위험도 커진다. 이윤유인에 한계가 있는 것이다.

그러던 어느 날 세상을 설명하고 다스리는 원리였던 왕권신수설이 뒤집어졌다. 1688년 명예혁명의 결과 권리 장전이 선포된다. "… 의회의 승인 없이 … 국왕이 … 금전을 징수하는 것은 위법이다."라는 4항은 사적 재산권을 확립시켰다. 물론 이전에도 일부 도시에서 성문화 여부와 상관없이 실질적으로 사적 재산권이 인정되었다. 하지만 주변의 지배적인 영주 국왕 등에게서 궁극적 주권독립이 확립되지는 못한 상황이었기 때문에 사적 재산권의 완전한 보장에 이르지는 못했다.[1] 반면 권리장전 4항은 국가적 차원에서 사실상의 법

---

1) 이탈리아 도시국가나 네덜란드의 경우 성문화 여부와 관계없이 실질적으로 사적 재산권이 보장되었다. 하지만 부의 기반이 대부분 상업이었으며 제조업 광업 농업 등의 상대적 비중이 작아서 산업혁명과 같은 각 산업 간의 유기적 상호작용에 의한 폭발적 생산력 증대로 이어지지는 못했다. 특히 이탈리아 도시국가는 국가적 성과라는 관점에서 논의하기에는 절대 규모에서 한계가 있었다.

규로 정착됨으로써[2] 인간 개개인의 부에 대한 소유의 한계를 무너뜨렸다. 시작은 당시까지 대다수가 임하고 있던 농업에서였다.[3] 농부와 지주들의 부에 대한 욕망 덕분에 농업생산성이 크게 향상됨으로써 인류의 숙명이었던 맬서스 트랩에서 드디어 벗어나게 된다. 이윤추구에 대한 욕망은 당연히 농업뿐 아니라 광공업으로 확대되었고 농업생산성 향상으로 인구 중 농민의 비율이 꾸준히 (80% 이상에서 20% 이하로) 하락함에 따라 다른 산업으로 인적자원이 재배치되어 산업혁명의 바탕을 이루게 된다. 어떤 이들은 명예혁명의 결과로 사적 재산권이 확립되고 그에 따라 이윤동기가 증대되어 생산력 향상이 이루어졌다고 생각할지도 모르겠다. 그러나 사실은 반대이다. 칼레해전 이후 국가 차원에서의 공식적인 해상진출과 무역 확대로 영국의 부는 비약적으로 증대되었고 상인 지주 농부들에게로 이어졌다. 이들이 증대된 자신의 부를 국왕의 고집 변덕 오판 사욕 등으로부터 지키기 위해 사적 재산권의 확립을 요구하게 되었고 그 결과가 명예혁명이라고 보아야 한다.[4] 즉 상업 농업 등에서 증대된

---

[2] 이전의 권리청원에도 동일한 사항이 언급되었지만 구속력 있는 법제화까지는 이르지 못했다.
[3] 대략 한 세기 전 토질과 면적의 한계로 고민하던 네덜란드 농부들은 윤작을 고안해 냈다. 하지만 당시의 다른 나라와 달리 네덜란드의 주력은 상업이었고 좁은 국토로 인해 농지규모가 작고 농민의 수도 적었으며 다른 나라에 비해 부유한 상황이라 농업생산성의 증대가 국가발전에 미친 영향은 영국만큼 결정적이지는 않았다. 그렇지만 이를 모방한 영국에서는 달랐다.
[4] 추가로 고려해야 할 것은 대부분의 역사서에서 당시의 잉글랜드 상황을 찰스 1세의 폭정, 크롬웰의 공포정치, 제임스 2세의 실정 등 부정적 면을 주로 강조함으로써 명예혁명으로의 흐름을 설명하는 경향이 있다. 하지만 이

생산력으로 달성한 부의 안정적 소유를 위해서는 왕권에 맞서야만 했으며 그 결과로 나타난 것이 명예혁명이다. 여하튼 명예혁명으로 인해 부의 소유가 실질적 안정적으로 보장됨으로써 이윤동기가 확대되어 산업혁명으로 이어지게 된다. 그러나 사적 재산권 보장이 이윤추구에 대한 동기부여에 있어 핵심 요소이기는 하지만 한편으로는 각 개인의 이해충돌 정도를 심화시킨다. 앞서 얘기했듯이 각 개인의 이익추구에만 맡겨 둘 경우 착취유인과 게임이론에 의해 최적 생산량에 못 미치며 공공재 공유자원과 같은 외부성 문제 역시 해결할 수 없다. 따라서 정부 역할이 중요하며 정부의 성과는 정부 구성원의 역량에 비례한다.

이전에는 출신에 의해 정해진 왕과 소수 귀족이 의사결정권을 가지고 있었다. 그러나 명예혁명의 결과로 의회민주주의가 확립된다. 권리장전의 13개 항 중 거의 절반에 해당하는 6개 항이 의회민주주의를 보장하는 내용을 담고 있다. 의사결정에 있어 다수의 다양한 계층이 참여할수록 집단지성의 활성화로 더 합리적이고 효율적인 결론이 가능해진다. 어떤 이들은 당시의 투표권이 일부에게만 부여되었기 때문에 진정한 민주주의와는 거리가 멀다고 그 의의를 평가

역시 반대로 보아야 한다. 엘리자베스 시대부터 명예혁명까지 영국의 상황은 동시대의 유럽 경쟁국과는 비교할 수 없는 발전 그 자체였다. 다른 나라의 경우 찰스 1세 제임스 2세 등의 경우는 흔한 일이었으며 오히려 크롬웰에 의한 공화정 수립은 진보적(하지만 이후에 독재체제로 변질되었고 또한 이를 세습시켰다는 점에서 부정적 평가도 상당하다)이었다고 평가될 수 있다. 역사적 사실은 현재의 관점이 아니라 동시대의 다른 상황과의 비교를 통해 평가되어야 한다.

절하할지도 모르겠다.[5] 명예혁명으로 이룬 의회는 지금 기준에서 본다면 유치하고 초보적인 수준이다. 그러나 인류 출현부터 당시까지는 앞서 말한 소유권뿐만 아니라 모든 사항의 최종결정권은 신의 대리인인 왕에게 있었다. 명예혁명이 수천 년 이상 거의 모두가 절대적이라고 생각한 것을 뒤엎은 것이다. 프랑스혁명이나(보충 2. 나폴레옹 법전) 러시아혁명에서 보이는 드라마틱한 요소가 덜하기 때문에 명예혁명에 대한 평가나 관심도가 상대적으로 낮은 경향이 있다.[6] 그러나 다른 역사적 사건과 마찬가지로 혁명에 대해 평가할 때도 과정에 있어서 극적인 정도보다는 이전과 이후의 변화 정도, 즉 삶과 세상을 얼마나 발전시켰는가가 척도가 되어야 한다(보충 3. 1848 혁명). 그런 의미에서 역사서에 언급되어 있는 혁명 중 가장 의의 있는

---

5) 자료에 따라 다르지만 5% 미만인 것은 확실하다. 하지만 생산력 발전과 비례하여 점차적으로 비중이 늘어난 것이 오히려 바람직했다고 할 수 있다. 만약 처음부터 모든 구성원에게 투표권이 부여되었다면 앞서 말한 저개발국의 민주주의 사례에서 언급했듯이 오히려 혼란을 초래했을 수 있다. 프랑스도 대혁명 이후의 혼란으로 인해 로베스피에르라는 공포정치가 나타났고 (로베스피에르가 축출된) 테르미도르 반동으로 인한 무질서(의 사례 중 하나는 화폐가치가 300분의 1로 폭락함으로써 국가재정이 파산한 것이다)에 대응하여 다시금 나폴레옹이라는 왕정체제로 복귀했다는 것을 상기해 보라. 명예혁명은 상대적으로 합리성을 갖춘 이들에 의한 혁명이었기에 혼란과 비용을 줄일 수 있었다.
6) 다른 혁명이 착취에 시달리는 가장 아래 계층의 직접적이고 광범위한 참여에 의해 체제를 뒤엎은 것에 반해 명예혁명은 부르주아 혁명일 뿐이라는 평가가 있다. 하지만 당시 왕과 귀족 같은 기득권층의 입장에서 부르주아는 그저 돈 많은 평민일 뿐이었다. 기득권층이라 하기에는 무리가 있다. 노력과 재능에 의해 성과를 이룬 계층이 세습에 의한 기득권층에 저항하고 성공했다는 점에서 의의가 크다고 할 수 있다.

것은 당연히 명예혁명이다. 요컨대 명예혁명은 사적 재산권을 보장함으로써 이윤동기를 확대시켰고 그러한 이윤동기로 인한 개인 간의 이해충돌을 조정하는 정부 형태로 집단지성에 근거하는 의회민주주의를 확립시킴으로써 정부 효율성을 제고시켰다. 그리고 그 결과물인 산업혁명으로 이어짐으로써 인류의 삶을 다른 차원으로 변화시켰다. 부수적으로 유럽이 중국을 추월하여 세계사의 주역으로 등장하게 된다. 그런데 여기서 의문점이 생긴다. 지금까지의 고찰에 의해 18세기 이후 유럽이 앞서 나간 이유는 이해가 되는데 그렇다면 그 이전은? 즉 그때까지 중국 우위의 요인은 무엇인가?

송나라 이전은 사료의 질적 양적인 문제로 객관적 평가가 사실상 어렵다.[7][8] 원의 경우 실질적으로 중국의 통일왕조로서의 시기는 애산전투부터 홍건적의 난까지 70여 년에 지나지 않는 것에 더해서 이민족에 의한 착취체제로 인해 이전보다 후퇴한 시기이므로 큰 의미가 없으며[9] 청나라는 해당 시기에 유럽에 역전당했기 때문에 논

---

[7] 정황상으로 봤을 때 분열 시기는 말할 것도 없고 한 당 통일왕조의 경우도 중앙정부가 안정적으로 운영된 기간보다는 변란으로 인한 혼란 시기가 더 많았기 때문에 해당 시기의 유럽보다 우월했다고 결론짓기에는 무리가 있다.
[8] 이전의 중국왕조나 같은 시기의 유럽에 비해 송나라의 사료가 질적 양적으로 우수하다는 사실 자체가 우월한 생산력이 뒷받침되었음을 의미한다.
[9] 중국 통일왕조들은 모두 민본주의를 근간으로 하는 유교를 국시로 택했다. 이민족에 의한 정복왕조인 청나라도 집권의 정당성을 위해 유교이념을 강조했다. 반면 원나라는 이념이든 실제든 오로지 한족에 대한 착취에만 몰두했으며 그러한 착취체제가 단명한 것은 당연한 결과이다. 체제의 안정성

의의 초점은 송 명에 맞추어진다. '문치주의에 빠져 국방력에 소홀함으로써 이민족 침략으로 멸망한 왕조', '무능력하고 게으른 왕들로 인한 환관의 전횡'이라는 두 가지가 일반적인 평가이다. 하지만 송나라는 당대뿐 아니라 18세기 이전 동서양을 막론한 전 세계 어떤 경우와 비교하더라도 가장 선진적이고 발전한 국가였다는 것은 충분히 실증된 사실이다. 송대에 비해서는 못하지만 명나라도 동시기의 유럽에 비해 우월한 성과를 보이고 있었다.[10][11] 역사는 여러 가지 요인이 복합적으로 작용한 중층결정의[12] 결과물이지만 그럼에도 결정적인 핵심 요소는 분명히 있다.

전근대 시기 기득권은 세습에 의한 것이었다. 자신의 능력이나 노력과는 상관없이 출신에 의해 지위와 재산이 정해졌다. 하지만 송 명 조선에서 왕을 제외한 해당 분야의 의사결정권자이자 실무자인 관료는 국가가 시행하는 시험을 통과해야만 했다.[13] 즉 자신의 재능

지속성은 착취 정도와 강한 인과관계를 가진다는 생생한 실례에 해당한다.
10) 유럽이 르네상스 시기이기는 했지만 주된 세계관과 지배논리는 여전히 종교에 근거하고 있었다. 반면 왕들의 무능에도 불구하고 1억 명 이상의 인구를 가지는 당시 세계에서 가장 큰 나라가 관료제에 의한 행정체제(중앙집권제)를 유지하고 있었다는 점에 주목해야 한다.
11) 1인당 소득은 유럽과 명나라가 비슷한 수준으로 추정되지만 유럽의 불평등 정도가 더했던 것으로 짐작된다.
12) 중층결정은 프로이드가 창안한 개념으로 간략히 설명하면 여러 가지 원인이 상호작용하여 하나의 결과로 나타난다는 것이다. 원인들이 유사한 상황이라도 중첩 정도(연관 정도)에 따라 상호작용의 차이로 인해 다른 결과로 나타날 수 있다는 의미이다. 심리학만큼이나 사학에도 유용한 개념이다.
13) 과거제는 수나라 때 시작되어 당과 고려에서도 시행되었다. 하지만 극히

과 노력을 객관적으로 검증받아야 했다. 또한 해당 지위에 오른 뒤에도 자리를 계속 유지하거나 승진하기 위해서는 성과를[14] 보이고 인정받아야만 했다. 노력이나 재능에 상관없이 출생에 의해 지위에 올라 결정권을 가진 자들이 지배하는 사회와 객관적 선발제도에 의해 자질을 검증받고 성과를 보이기 위해 노력하는[15] 집단이 의사결정권을 가지는 사회 중 어느 체제가 더 발전할지는 명확하다.

과거제와 사적 재산권의 공통점은 동기부여를 위한 장치를 제도적으로 확립했다는 것이다. 물론 능력 있는 자를 중용하려는 노력이나 개인의 재산권은 인류사 이래 어느 공동체에서나 어떤 형태로든 당연히 있었다. 하지만 제도적으로 확립되어 안정적이고 영속적인 원칙으로 작용하느냐의 여부는 결정적이다. 그런데 사적 재산권은 모든 국민을 대상으로 한 반면 과거제는 여전히 사대부라 불리는 기

제한적이었으며 해당 시기(수 당 고려) 대부분의 관료는 역시 지배층에서 음서(세습)에 의해 선택되었다.

14) 이때의 성과란 국가와 백성의 안정과 번영이었다. 제자백가부터 이어진 유학적 세계관의 가장 중요한 속성은 백성을 근본으로 보는 민본주의적 전통이다. 송 명 조선의 관료들은 이러한 유학적 성취도에 의해 선발 평가되었다. 지금의 관점에서 유학이란 구시대의 진부한 유물로 여겨진다. 하지만 같은 시기의 다른 곳에서는 본질적으로 허구에 불과한 인격적 유일신을 가정하는 후진적 세계관인 종교에 근거하여 통치됨으로써 지배층의 기득권 유지가 주된 목적이었던 것과 비교한다면 송 명 조선의 정치원리였던 유학적 세계관은 민본주의에 의해 백성의 삶을 우선하는 선진적 사상이었다.

15) 송나라는 다른 왕조와 비교할 수 없을 정도로 관료에 대한 사회적 지위와 경제적 보상이 컸다. 당연히 동기부여의 크기가 비례한다.

득권층에 제한되었다는 한계가 있었다.[16] 동기부여의 범위가 이후의 결정적인 차이로 귀결된다.

앞선 글에서 명예혁명의 성과 중 집단지성을 원리로 하는 의회민주주의의 확립에 대해서 언급했다. 송나라에도 이에 견줄 만한 사례가 있다. 태조 조광윤은[17] 간언하는 신하를 죽이지 말라는 유훈을[18] 남겼고 후대 계승자들은 이를 충실히 시행했다.[19] 전근대사회의 절대왕정제하에서는 아무리 권세와 지위가 높아도 최고 권력자인 왕의 비위를 거스르는 경우 가진 것을 빼앗기는 정도가 아니라 본인과 가족의 생명마저 위태로운 경우가 다반사였다. 따라서 신념과 양심에 따른 바른 소리를 내기가 어려웠다. 군주의 독단과 독선을 견

---

16) 형식적으로는 과거의 기회가 모든 계층에 부여되었고 시행 초기에는 일부 양민 출신의 합격자가 나오기도 했다. 하지만 관리 등용으로 인한 보상이 컸기 때문에 응시자가 증가하였고 그로 인한 경쟁 심화로 과거 준비를 위한 시간과 비용이 늘어남에 따라 농업이라는 생산활동에 묶여 있는 평민들에게는 사실상 한계가 존재했으며 시간이 지날수록 고착화되었다.
17) 명예혁명이 무혈혁명이라는 평가도 있지만 제임스 1세 때부터 거의 80여 년 이상 이어진 갈등과 대립의 결과물이다. 이에 반해 조광윤의 경우는 (신하들의 조언이 있었겠지만) 오로지 개인의 결단으로 이루어 낸 성과이다. 그리고 천 년 후 이등휘에 의해 재현된다.
18) 석각이라는 형태에 의해 실질적으로 성문화되었다.
19) '장엄(莊嚴)'이라는 표현은 깊이 있는 종교행사나 뛰어난 예술작품에 대한 형용사로 주로 사용된다. 즉위식을 마친 황제가 소수의 황실 인사만 알고 있는 궁궐 깊은 비밀스러운 곳으로 홀로 겹겹의 장막을 걷어 내며 들어가 태조의 유훈이 새겨진 돌 앞에 무릎 꿇고 두 손을 얹은 채 선대의 가르침을 따르겠다고 맹세하는 장면이야말로 장엄미의 극치라 할 수 있지 않을까?

제하는 데 한계가 있었던 것이다. 그러나 민본주의를 근간으로 하는 유학으로 무장한 송나라 관료들은 석각유훈에 의해 군주에게 소신을 피력할 수 있었다.[20]

'의회 안에서 말하고 토론하고 의논한 내용으로 … 고발당하거나 심문당하지 않는다'라는 조항과 '사대부와 상소하는 사람을 죽이지 말라'라는 유훈은 시대와 장소는 달랐지만 집단지성의 활성화라는 동일한 성과를 이루어 낸다. 아무리 뛰어난 천재라도 그가 속한 집단보다 우월할 수는 없다. 많은 구성원이 의사결정에 참여할수록 더 나은 결과가 도출된다.[21] 양에서 질로의 변환은 의사결정 과정에도 적용되는 것이다.

요컨대 출신에 의해 신분과 재산이 정해짐으로써 동기부여에 한계가 존재했던 이전 사회와는 다르게 과거제(+석각유훈)와 명예혁명은 재능과 노력에 의해 보상받는 체제를 만들어 내고 이를 통해 동기부여를 고취시킴으로써 획기적인 생산력 발전을 이루어 냈다. 또한 집단지성에 근거하는 진보된 정치체제를 만듦으로써 생산력 발전을 뒷받침한다. 다만 동기부여와 의견개진의 대상이 과거제의 경우 기득권층인 사대부에 한정되었던 반면 명예혁명의 결과물은 초창기에는 일부 부르주아에 국한되었지만 이후 전 국민으로 확

---

20) '천하의 일은 천하가 함께 해야 합니다. 군주가 개인적으로 얻을 수 있는 것이 아닙니다.' '천하는 중국의 천하입니다. … 폐하의 천하가 아닙니다.' 송 황제가 아닌 다른 군주 앞에서 이런 말을 꺼냈다가는….
21) 민주주의와 시장경제가 최선인 이유이다.

대됨으로써 성과를 역전시킬 수 있었다.[22]

'Ceteris paribus'. 학문으로서의 경제학에서는 다른 요인은 배제하고 독립적으로 경제요소만을 놓고서 이론화한다. 하지만 실제 경제는 다른 사회적 요인들과 무관할 수 없다. 앞선 사례에서 보듯이 인류사에 있어 가장 탁월한 경제적 성과를 이루어 낸 요소는 언뜻 보기에는 경제와 관련성이 약해 보이는 제도와 가치관이라는 것을 알 수 있다. 실제 경제는 법과 제도, 구성원들의 가치관과 같은 다른 사회적 현상과 연관되어 상호작용하는 총체적 결과물이다. 경제현상이나 문제를 경제이론적 관점에서만 보는 것은 한계에 부딪힌다. 외적인 경제 인프라와 연관지어 봐야 하고 그러한 인프라가 잘 갖추어져야만 안정적 지속적 경제발전을 이룰 수 있다. 물론 재정정책 통화정책과 같은 경제적 관점만의 협소한 그리고 단기적인 경제정책의 중요성을 부정하는 것은 아니다. 상황에 따른 미세조정은 당연히 필요하다. 단기가 모여서 장기를 이룬다는 석학의 지적은 지극히 옳다.[23] 하지만 근본적 경제 인프라가 결여되면 한계에 부딪힐 수밖에 없다. 교육·법률·제도·구성원의 역량과 가치관 등의 요소는 당장

---

22) 서양이 우월할 수 있었던 또 다른 이유 중의 하나는 문자의 차이인 듯하다. 당연히 한자의 습득이 훨씬 어려웠기 때문에 지식확대의 한계를 가졌다. 지식이 늘어날수록 집단지성의 성과도 비례하며 지식이 곧 권력이라고 푸꼬가 말했듯이 권력의 분산으로 민주주의에 가까워진다. 구텐베르크의 성과가 부르주아들의 의견개진을 증대시켰음은 당연하다.
23) 단기 경제정책의 실패로 인한 이력현상의 누적은 결국 장래 생산성 (증가율) 하락으로 이어진다.

의 경제문제와는 무관한 듯 보이지만 건전한 경제발전을 위한 무엇보다 중요한 경제 인프라에 해당하는 진정한 필수요소이다.

그런데 이 지점에서 난점에 부딪히게 된다. 건전한 경제 인프라를 마련하는 법과 제도의[24] 구체적 설정 주체는 사실상 정치인과 관료이다. 즉 정치인과 관료의 능력 가치관이 전제되어야 한다. 올바른 가치관과 역량을 가진 정치인을[25] 이기적이고 무능력한 정객과 구분해 내고 선출하는 것은 이성적인 국민이다. 이성은 교육을 통해 고양된다. 그런데 교육을 포함하는 제도를 마련하는 결정권자와 실무자는 다시 정치인과 관료이다. 선순환 혹은 악순환을 이루는 것이다. 선진국은 계속 선진국이고 저개발국은 여전히 저개발국인 이유이다. 발전하고자 하는 저개발국이든 안정을 추구하는 선진국이든 순환고리 중 어디에 우선순위를 두어야 하는가?

---

[24] 법과 제도를 포함하는 체제·시스템의 중요성을 강조하는 주장에 대해서 오히려 자율성과 창의성을 억압하고 구속하는 부작용이 더 클지도 모른다고 반박할 수 있다. 하지만 필자가 강조하는 제도는 그러한 창의성 자율성을 보장하고 고취시키기 위해 최적화된 시스템을 뜻한다. 물론 그러한 구조와 제도가 제약하고 억압하는 대상이 있기는 하다. 출생과 운에 의해 얻어진 기득권을 유지하기 위해 착취를 지속하고 있는 이들이다.

[25] 물론 그러한 정치인이라도 궁극적으로는 이기적이다. 다만 공적이익과 사적이익을 일치시키는 정치인과 사적이익을 위해 공적이익을 희생시키는 정객을 구분해야 한다.

5. 교육

  2022년 기준으로 안정적 선진국으로서의 척도인 1인당 국민소득이 3만 불을 넘는 국가 중 인구가 천만 명 이상인 나라는 13개국에 지나지 않는다. 이론의 여지는 있지만 3만 불이 기준인 이유는 1인당 평균소득이 3만 불이어야 중위점 소득이 필수재 충족선인 2만 불 선에 이르기 때문이다. 즉 50% 이상의 구성원이 필수재 충족으로 합리적 판단이 가능해지는 것이다. 따라서 이 지점부터 집단지성에 의한 진정한 민주주의와 민간주도의 자율적 시장경제가 안정적으로 정착될 수 있다. 인구 천만 명이 기준인 이유는 그 이하의 경우 외부환경의 영향이 더 크기 때문이다. 범위를 좁혀 국제사회에 일정 부분 영향력을 미칠 수 있는 조건인 인구 5천만 명을 기준으로 할 경우 다시 말해 3만 불 5천만 명 조건을 충족하는 선진국이면서 강대국으로 범위를 좁힐 경우에는 7개국에 불과하다. 중요한 것은 이들 중 단 한 개 국가만 제외하고 18~19세기에 근대화를 이룬 국가이다.

  식민지 해방 후 곧이어 내전을 겪은 가장 비참한 상태의 빈곤국이 반세기 만에 기적 같은 성과를 거둔 비결은 무엇일까? 많은 사람들이 60~70년대 박정희 시기 국가주도개발경제(계획경제)의 성과가 결정적이었다고 이야기한다. 하지만 국가주도개발경제라는 것은 스탈린 이래로 저개발국이면 어디서나 시행하는 것이고 박정희의 계획도 1·2공화국 때 마련된 것을 일부 수정 보충했을 뿐이다. 또한 많은 사람들이 간과하는 것은 박정희 시기 우리나라 평균경제성장률은 일본이나 태국에 비해서 1% 이내의 우위를 보일 뿐이며 심지어 대만이 우리보다 1% 이상 더 높은 성장률을 달성했다는 것이다. 동아시아가 다른 지역에 비해 상대적 우위를 보인 것은 사실이지만 특별히 우리나라만의 성과는 아니었다. 그에 더해 일본, 대만, 태국 등과 노동량 노동강도를 비교한다면 상대적으로 성과가 낮다는 결론에 도달한다. 노동력을 갈아 넣은 것에 비해 박정희 시기의 국가주도개발경제가 비효율적이었다는 얘기이다. 오히려 80~90년대 우리나라의 성장률이 훨씬 높았다. 그렇다면 전두환·노태우 정부의 성과가 아니냐고 반문할 수도 있다. 하지만 이 당시의 정부주도정책 역시 이전 시기의 연장선상에 있었을 뿐이다. 80년대 성장의 본질은 70년대에 마련한 중화학공업 기반에[1] 이전과 차이 없는 연간 3,000시간 이상의 노동력 투입이라는 내부요인과 3저 호황이라는 외부요인이 결합되어 나타난 결과이다. 90년대부터 지금까지의 성과에 대해서 일부에서는 우리나라가 80년대 말부터 90년대 초까지 노동자 대투쟁, 6월 항쟁, 문민정부 수립 등으로 민주주의를 이루어 냈기 때문이라고 얘기한다. 그런데 민주주의와 경제성장의 상관관계에 대하여는 항상 반론이 존재한다. 인도나 아르헨티나 등 민주주의를 채택한 저개발국이 적지 않은데 그들은 왜 발전하지 못했으며

---

1) 박정희 시기 국가주도개발경제의 유일한 성과(?).

아랍의 봄은 왜 겨울로 후퇴했느냐는 것이다(보충 1. 아랍의 봄). 앞서 말했듯 저개발국은 국민 대다수가 필수재가 충족되지 못한 상태이다. 따라서 생존본능에 의해 당장의 필요를 우선시하는 판단을 하게 된다. 이성에 근거한 거시적 장기적 결정은 미루어진다. 정치가들도 이러한 상황을 알기 때문에 당장의 표를 위해 선심성 공약을 남발하게 되고 결국 포퓰리즘이 반복되는 것이다. 저개발국이 악순환의 늪에서 헤어나지 못하는 이유 중 하나이다.

여하튼 저개발국에서 진정한 선진국으로 진입한 경우는 의미 있는 인구 규모인 천만 명 이상으로 한정할 경우 한국과 대만 이외는 없다. 두 나라만 중진국 함정을 벗어날 수 있었던 이유는 개발독재로 성과를 이루어 낸 후 한계점에 도달했을 때 민주주의로 전환을 이루었기 때문이다.[2)3)] 필수재 충족선까지는 이성적 역량과 자본보유에 있어 개인보다 우위에 있는 국가역할이 중요하고 효율적이지만 이후에는 집단지성에 근거하는 민주주의로의 체제전환이 필수적이다. 당연히 어렵다. 사다리 효과[4)] 다른 표현으로 경로의존성 때문이다. 사다리를 타고 올라왔지만 새로운 상황에서는 다른 수단을 찾아야 한다. 하지만 지금까지 유용했던 방법이니 앞으로도 그럴 것이라는 착각 혹은 집착에서 국민 대다수가 벗어나지 못하는 것이다.

---

2) 남한이 6월 항쟁을 통해 문민정부로의 전환을 겪는 비슷한 시기에 대만 역시 민주화를 이룬다.
3) 남한은 아래로부터의 투쟁으로 쟁취해 냈던 반면 대만은 위로부터 평화적으로 이루었으며 장경국과 이등휘의 기여가 컸다.
4) (프리드리히) 리스트의 사다리가 아니라 (루트비히) 비트겐슈타인의 사다리이다.

거기에 더해 개발독재하에서 정치적 경제적 이익을 누려 왔던 기득권층이 이를 이용하는 것이다. 그렇다면 한국이 경이적인 발전에 더해 체제전환을 이룰 수 있었던 요인은 무엇인가?(보충 2. 체제전환)

많은 저개발국에서 미래 생산력 증대를 위해 교육받아야 할 아동과 청소년이 노동현장으로 내몰리는 것이 당연시되고 있다. 당장 먹고사는 것이 힘든 상황이기 때문에 오늘의 먹거리를 위해서 가족 구성원 전부가 동원되는 것은 흔한 일이다. 미래를 위한 교육투자보다는 당장의 배고픔 극복을 우선시하는 것이다.

4장에서 과거제를 언급했다. 과거제란 개인의 자질과 노력에 의한 교육성과에 비례하여 보상이 주어지는 제도이다. 하지만 신분 상승을 위한 교육기회는 현실적으로 사대부라 불리는 특정 기득권층에게만 주어졌다. 그러나 광복 후 토지개혁을 통해 실질적으로 신분제가 철폐되고 보편적 의무교육의 제도화로 교육의 기회가 모두에게로 확대되었다. 신분 상승이 가능해진 것이다. 식민체제하에서 태어나 교육의 기회를 얻지 못한 60~70년대 노동의 주역들은 적어도 자식들만은 지긋지긋한 가난의 악순환에서 벗어나게 하려고 연간 3천 시간 이상의 노동에 자신의 몸뚱아리를 갈아 넣고 거기에 더해 소 팔고 논 팔아서 교육에 투자한다. 결실은 크게 두 가지로 나타난다. 70년대에 우리나라는 선진국이 우위에 있는 중화학공업에 공격적으로 투자했다. 중화학공업에서의 성공은 단순한 물적 자본 투입만으로는 이루어지지 않는다. 지식과 기술을 갖춘 질적으로 우수한 인적 자본이 필수요소이며 당연히 교육이 뒷받침되어야 한다. 또한 그렇게 교육받은 세대들이 이성적 판단력을 갖춤으로써 현실의 문제 모순 등을 인식하고 투쟁에 나섬으로써 진정한 민주주의로의 체제전환을 이룬 것이다. 80년대 중화학공업에서의 성과와 체제전환의 핵심 요인은 교육이었다. 그래서 중진국 함정을 벗어나 지금의 선진국이자 강대국으로서의 대한민국을 이룬다. 할아버지들이 살인적인 노동의 대가를 자식들의 교육에 투자했고 그렇게 교육받은 아버지들의 노력과 투쟁 덕분에 지금의 대한민국이 있는 것이다. 절대 박정희 때문이 아니다. 안타까운 것은 자신들의 노동력을 갈아 넣었던 할아버지 세대들이 오히려 박정희를 언급한다는 사실이다. 직접적인 신체적 상해를 제외하고 인간에게 가장 큰 고통은 배고픔이다. 박정희 이전 50년대까지 가난과 배고픔은 피할 수 없는 숙명이었지만 60년대에 드디어 멜서스 트랩을 벗어나게 되었다. 중요한 것은 박정희 시기에 배고픔을 벗어난 것이지 박정희 때문에 배고픔을 벗어난 것이 아니다. 하지만 안타깝게도 이 시기의 어른들은 교육의 기회를 누리지 못한 결과로 상관관계와 인과관계를 구분하지 못해 착시현상을 일으키고 있다. 태극기 부대는 무시와 비난의 대상이 아니라 감사와 존경의 대상이다.

그렇다면 선진국 진입 후 계속 선순환을 유지하게 하는 요인은 무엇인가?

최근의 세계적 경제위기 중 대표적인 것은 2008년의 금융위기이다. 금융위기의 원인에 대하여는 여러 견해가 있으나 라잔 교수의 주장이 가장 설득력 있는 듯하다. 간략히 언급하면 신자유주의 이후 미국 내 부의 불평등이 심해졌고 더불어 중산층 이하 계층의 실질소득이 하락하고 있었다. 이들을 달래기 위해(표심을 위해) 파격적인 대출로 부동산보유를 가능하게 하였지만 거품으로 이어졌고 당연히 붕괴하여 금융위기로 이어졌다는 것이다. 금융위기의 근본 원인은 소득 불평등이라는 얘기이다. 소득 불평등은 교육 불평등을 낳고 교육 불평등은 다시 소득 불평등으로 악순환되어 부의 불평등을 고착 심화시킨다. 노력이 아니라 부모가 보유한 부에 의해 재산과 지위가 결정되는 사회는 노동에 대한 동기부여가 감소하여 생산량 (증가율) 감소를 초래한다고 앞서 언급했다. 여하튼 소득 불평등을 해소하기 위한 궁극적 방법은 공교육 강화와 저소득층에 대한 교육비 지원 등 교육에 대한 투자라고 라잔은 주장한다. 부동산 버블 붕괴가 야기한 금융권 부실로 인해 전 세계적인 경제위기가 발생했는데 해결책은 학생들 잘 가르쳐야 한다는 것이다. 지극히 올바른 근본적 해답이다.

 선진국 역시 안정적 체제 유지와 발전을 위한 핵심 요소는 교육이다. 교육에서의 평등은 기회균등을 뜻한다. 2장에서 언급했듯이 부의 불평등도 문제지만 부의 완전한 평등 역시 노동의욕을 감소시켜 파멸을 초래한다. 따라서 근로동기를 유지시키면서도 부의 불평등으로 인한 폐해를 최소화시키는 지점을 찾아야 한다고 했다. 그 지점은 당연히 기회균등이다. 기회가 평등하게 보장되어야 결과의 불평등이 용인되고 더 나은 상황을 위해 노력하게 되는 것이다. 동기부여의 핵심은 균등한 기회보장이고 그것은 보편적 개방적 교육제도를 통해 이루어진다. 교육 불평등으로 기회가 주어지지 않으면 동기부여가 효율적으로 이루어지지 않는다.

 생산의 주체는 사람이고 그의 능력에 의해 생산력의 크기와 방향이 정해진다. 그러한 능력을 결정짓는 것은 교육이다. 저개발국이든 선진국이든 순환고리 중 가장 최우선시되어야 할 지점은 교육이다.

그러나 교육제도 마련의 결정권자인 정치인들은 다른 부문에 비해 상대적으로 교육에 주의를 덜 기울인다. 왜냐하면 교육의 결과는 단기간에 가시적으로 나타나지 않기 때문이다.[5] 대부분의 정치인은 다음 투표 시점까지 단기간의 가시적 성과에 집착한다. 자신의 기득권 유지를 위해 포퓰리즘을 남발하는 것에 더해 내실 없는 보여 주기식 전시행정에 집착하는 이기적 정객과 진정 국민을 위한 안정적 지속적 결실을 맺고자 노력하는 대표자를 구분하는 것은 국민의 자질이고 그것은 교육을 통해서 고양된다. 그런데 교육제도를 마련하는 주체는 다시 정치인이다. 악순환의 고리에 빠지는 것이다. 저개발국의 경우 악순환의 늪에서 벗어나는 것은 지극히 어려운 정도가 아니라 대부분의 경우 불가능해 보인다(보충 3. 대한민국 교육의 문제).

---

5) 전문가들의 견해에 의하면 교육의 성과는 최소 10년 후에 나타난다고 한다.

6. 결론

'수십만 수백만 년의 인류 역사 중 자본주의는 기껏해야 300여 년 남짓 존재했을 뿐이다. 대단하다거나 앞으로도 영원할 것이라 믿기에는 검증 기간이 너무 짧다.'라는 말이 있다. 오스트랄로피테쿠스 이후 인류사를 24시간에 비유했을 때 자본주의는 23시 59분 59초에 출현했다. 그러나 비(非)자본주의하에 살아온 인류 수보다 자본주의 내에서 살아온 인류 수가 열 배 이상이다.[1] 당연히 그 단기간에 성취한 것이 이전 기간 동안 이루어 낸 것보다 훨씬 크다. 역사적 사건에 대한 평가는 물리적 시간이나 거리보다는 그로 인해 영향을 받은 사람 수와 변화 정도에 의해 평가되어야 한다. 자본주의보다는 산업혁명의 성과라고 주장할지도 모른다. 하지만 이윤추구에 대한 동기가 과학지식을 기술로 발전시켰다고 앞서 얘기했다. 자본주의가 원인이고 산업혁명이 결과라고 보아야 한다. 자본주의의 어떠한 요소가 이러한 발전을 가능하게 했는가? 자본주의를 한마디로 정의하기는 사실상 불가능하다. 하지만 가장 핵심적인 속성은 사적 재산권 보장으로 이윤추구에 대한 욕망을 강화시켜 노동에 대한 동

---

[1] 1800년까지 누적 인구수는 100억 명 이하, 1800년 이후 현재까지 누적 인구수는 1,100억 명 정도로 추정된다. 지금껏 존재했던 인류의 90% 이상이 자본주의하에서 살아왔다는 얘기이다.

기부여를 이룬다는 것이다. 물론 이윤획득은 노동 이외에 지대추구에 의해서도 가능하다. 그러나 넓은 의미의 착취에 해당하는 지대추구는 단순한 제로섬게임이 아니라 마이너스효과를 초래한다고 언급했다. 노동에 대한 건전한 동기부여만이 안정적 지속적 발전을 가능하게 한다. 그리고 그것을 위한 전제는 부의 불평등완화, 정부 구성원의 자질과 도덕성, 법과 제도의 마련, 교육체제의 정립 등이다. 하나같이 어려운 과제들이다. 특히나 악순환의 고리에 빠져 있는 저개발국에게는 머나먼 꿈처럼 여겨질지도 모른다. 그러나 자본주의 역시 한순간에 찾아온 것이 아니다. 14세기 이탈리아 상인들이 싹을 틔우고 16세기 네덜란드가 국가적 차원에서 성과를 거두었으며 그에 자극받은 17세기 잉글랜드의 명예혁명, 그 결과로 이어진 산업혁명, 18세기 프랑스대혁명을 통한 유럽대륙으로의 전파, 이후 초기 자본주의의 모순에 맞선 차티스트운동과 1848 혁명 등을 거치면서 비로소 자본주의가 사회원리로서 자리 잡게 되었다.[2] 처음부터 자본주의라는 체제를 설계한 사람은 아무도 없었다. 점진적인 개선과정을 통해 봉건체제가 자본주의로 전환되었다.[3] 양에서 질로의 변

---

2) 유럽대륙에서 자본주의가 태동되던 시기인 프랑스혁명부터 2차대전기까지 150여 년 동안 유럽은 계급 민족 국가 이념 간의 끊임없는 학살과 살육의 연속이었다. 저개발국이 선진국에 이르는 길은 지난한 과정이라고 얘기했다. 하지만 기존 선진국들 역시 엄청난 고난과 수많은 희생을 동반하는 시행착오를 겪고서 그 자리에 이르게 된 것이다. － 19세기 후반 짧은 시기, 유럽 안에서의 국가 간 계급 간 대결이 잦아들었는데 이때는 제국주의 착취에 몰두했기 때문이다. 그들 스스로 자랑스럽게 표현하는 소위 '벨 에포크'라는 번영은 실제로는 혐오스러운 국제적 착취의 결과물일 뿐이다.
3) 앞서 언급했듯이 수백만 년의 인류 역사 중 불과 300여 년 만에 기존체제

환을 이룬 것이다.

생산력 증대를 포함하는 사회발전의 핵심 요인은 동기부여와 그를 뒷받침하는 제도라고 4장에서 얘기했다. 그렇다면 21세기 현실 자본주의는 동기부여에 효율적인 체제일까? 신자유주의 이후로 자본소득 증가분이 노동소득 증가분을 앞서가는 정도가 더 확대되고 있음을 여러 학자들이 실증했다. 그 결과는 노동의욕 감소이다. 자본소득 비중이 확대되는 이유는 무엇인가? 당연히 부의 불평등 심화이다.[4] 그런데 자본소득은 본질적으로 노동소득에 의존하는 파생소득이다. 노동소득이 증대되어야 자본소득도 커지는 것이다. 노동소득이 감소하면 궁극적으로 자본소득도 감소한다.[5][6]

현재의 관점에서 볼 때 출신이나 외압에 의해 신분과 재산이 결정

를 대체하여 자본주의가 자리 잡은 것은 순식간의 일처럼 여겨질 수 있다. 하지만 300여 년은 물리적 자연적 시간일 뿐이고 인×시 개념으로 본다면 많은 사람들이 막대한 시간을 투자함으로써 이루어 낸 결과물이 자본주의이다.

4) 부의 불평등 심화는 자본시장에 대한 진입장벽 강화로 독과점에 의한 지대를 증대시키고 다시 부의 불평등을 심화시킨다. 자본소득 증대와 부의 불평등 심화는 상호작용하는 악순환의 반복으로 귀결된다.

5) 노동자에 대한 착취는 생산성 (증가율) 하락을 초래하여 궁극적으로 생산량 (증가율)을 감소시킨다. 반대로 노동에 대한 투자(교육, 복지)는 생산성 향상으로 장래 생산량을 증대시킨다.

6) 착취율이 증가할수록 착취량은 증가하다가 변곡점 이후 감소한다. 하지만 착취량이 증가하는 부분일지라도 생산량 (증가율)은 감소한다.

되는 과거의 노예제 봉건제 등을 비인간적이고 합리적이지 못한 야만적 후진체제라고 평한다. 하지만 그 당시 사람들은 그런 현실을 신의 뜻에 의한 당연하고 자연스러운 일로 받아들였었다. 마찬가지로 지금의 우리도 합법적이고 효율적이라는 착각 때문에 극히 소수의 사람이 사회 전체의 막대한 부를 소유하는 현재의 자본주의 체제를 당연시 여기지만 나중의 우리 후손들도 언젠가 지금의 자본주의를 이해할 수 없는 비인간적 비합리적인 부당한 체제라고 생각할 것이다.

　지대추구가 아니라 노동을 통해 효용생산에 기여한 만큼 대가가 돌아오는 공정한 자본주의로 발전시켜야 한다. 과제들에 도전하고 성과를 거두는 양적 과정을 지속하다 보면 언젠가는 지금과 같은 자본을 위한 자본주의가 아닌 인간을 위한 자본주의로 질적 변환을 이룰 것이다. 물론 그날이 언제 올지는 아무도 모른다. 10년 후, 100년 후, 1,000년 후가 될 수도 있다. 하지만 한 가지는 분명하다. 그날을 정하는 것은 바로 지금의 당신이다.

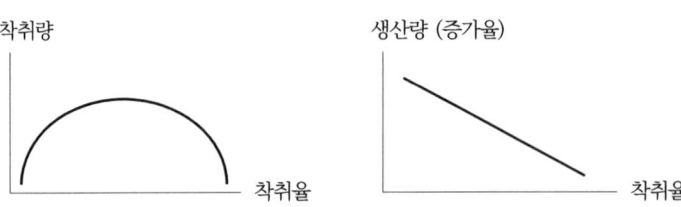

보충

1장의
보충 1. 분업결과물의 분배

　절대우위에 있는 로빈슨과 열위에 있는 프라이데이가 분업을 한다면 이전보다 감자 10개가 더 생산될 것이라고 예상될 때 로빈슨이 얼마의 분배 몫을 제안해야 프라이데이가 받아들일까? '최후통첩 게임'과 유사하며 당연히 6:4~7:3 정도로 생각된다. 하지만 기존의 최후통첩 게임에서 간과하는 중요한 점은 참가자들의 질과 양에 대해서는 고려하지 않는다는 것이다. 다양한 지역과 집단의 경우도 보충되었다고는 하지만 실제 피험자의 대부분은 학생들이었을 것이다. 제안자와 수락자가 거의 동질적인 대상이라는 얘기이다. 만약 위의 예에서 프라이데이가 상대적으로 빈곤한 상황이고 로빈슨이 알고 있다면 분배율은 어떻게 될까? 실제 최후통첩 게임의 실험 중에서 저개발국의 빈곤층을 대상으로 큰 액수를 나눌 경우 작은 분배 몫에도 거의 다 수락했다고 한다. 당연한 일이다. 굶주리는 빈곤층에게 제시되는 액수가 하루분의 소득이나 식비에 해당한다면 분배율은 의미가 없다. 거기에 더해 빈곤의 정도가 다른 프라이데이가 상대적 다수이고 그중 일부만 선택된다면? 국내 분업이든 국가 간 거래이든 이러한 경우가 실제 상황에 가깝지 않을까? 국내의 경우 정부의 개입이나 사후조치의 여지라도 있지만 국가 간의 분업에 서는 당연히 가장 작은 몫을 받아들이는 즉 임금이 가장 저렴한 저개발국 노동력을 찾는다.[1] 나이키가 동일한 비용으로 미국에서 생산할 때보다 파키스탄에서 생산할 때 10개의 축구공이 더 만들어질 경우 9개 이상의 몫을 나이키 경영자와 주주가 가져가고 1개 이하의 몫이 파키스탄의 미성년 생산자들에게 돌아간다.[2] 이에 대해 선진국자본은 수요와 공급의 시장원리에 따를 뿐이라 주장한다. 선진국의 자본공급보다 저개발국의 노동공급이 상대적으로 많기 때문에 자본의 몫이 많아지는 것이 당연하다고 얘기한다. 하지만 저개발국은 자본량의 절대 부족 때문에 자본시장에의 진입이 제한되어 있으므로 독과점시장이며 지대가 발생한다(보충 1-1. 규제철폐 시장개방). 지대가 커질수록 부의 불평등이 심화되고 교육 불평등 정도도 비례한다. 교육 불평등은 한계수확체감 법칙에 의해 장래 생산성(증가율) 하락을 초래하고 생산량 (증가율) 감소로 이어진다. 생산량 (증가율) 감소는 모두에게 돌아갈 몫을 줄이기 때문에 지대추구는

---

1) 실제 상황에서는 분배 비율의 최대화가 아니라 분배량의 최대화를 추구한다. 프라이데이들의 생산능력이 같지는 않다. 따라서 (프라이데이의) 생산량×분배율에 의해 로빈슨의 몫이 가장 최대화되는 대상과 거래할 것이다. TSMC나 폭스콘이 동남아나 아프리카가 아닌 대만업체인 이유이다.
2) 그나마 대만은 프라이데이 중 생산성이 높아서 분배율이 높은 경우에 해당하지만 파키스탄의 미성년 노동자, 방글라데시 의류공장 여공들의 몫은 10%는커녕 1% 이하일 것이다. (제안자의 결정을 수락자가 무조건 수용해야 하는) 독재자 게임에서도 최소한의 인간성에 의해 20~30%의 분배율을 제안한다. 하지만 글로벌자본은 그런 것 없다. 무조건 자기 몫의 최대화를 추구한다.

넓은 의미의 착취에 해당한다고 본문에서 얘기했다. 중요한 것은 한계수확체감 법칙에 의해 프라이데이의 분배 몫이 늘어날수록 미래 생산량 역시 비례적으로 더 커져서 궁극적으로 로빈슨에게 돌아가는 몫도 증대된다는 것이다. 그런데 프라이데이의 몫이 확대되어야 한다는 논리에 대하여 반박하는 주장들이 있다.

첫 번째는 지식경제학을 근거로 내세운다. 고부가가치 첨단산업일수록 기존 생산요소인 토지 노동 자본보다는 지식과 기술이 더 중요한 요소이고 지식과 기술은 수확체증 현상을 보인다. 따라서 선진국의 첨단산업과 우월한 인적자원에 더 많이 투자할수록 궁극적으로 생산량이 증대한다고 주장한다. 토지 노동 자본과 같은 기존 생산요소보다 지식과 기술의 기여도가 더 커지고 있으며 수확체증 현상이 있는 것도 사실이다. 하지만 생산요소로서 지식과 기술이 수확체증 현상을 보이는 것과 특정 개인이 지식과 기술을 습득하는 과정, 즉 교육에서 체증이나 체감 현상을 보이는 것은 다른 범주이다. 다시 말해 지식과 기술이 생산에서 수확체증 현상을 나타낸다고 해서 해당 지식과 기술을 습득하는 개인의 교육과정에서도 그럴 것이라고 결론짓는 것은 범주오류에 해당한다.

두 번째 부류는 이렇게 이야기한다. '현재 자유무역에 적극적인 저개발국들의 평균 경제성장률은 7~8%대이며 두 자릿수 발전의 경우도 흔하게 나타난다. 반면 상대인 선진국의 성장률은 2%를 넘지 않는다. 따라서 저개발국들의 이익이 더 크다.' 이러한 주장을 하는 이들은 듣는 사람들을 바보로 여기고 있거나 본인이 바보이다. 기준점에서의 절대 크기가 다르기 때문에 분배량과 그에 의한 성장량은 비교도 되지 않는다. 방글라데시의 성장률이 10%이고 미국이 2%일 때 방글라데시의 여공 소득은 200달러 늘어나지만 미국 근로자는 1,300달러 증가한다. 상기 성장률 차이가 지속되더라도 전체 소득의 간극은 계속 확대된다.[3] 신자유주의 이후 지금까지 가장 높은 성장률을 보인 국가는 당연히 중국이다. 최근 줄어들긴 했지만 30여 년간 평균 성장률은 10%에 근접한다. 그런 중국이 경쟁 상대로 생각하는 국가는 유일하게 자신보다 경제규모가 큰 미국이며 미국은 같은 기간 3% 미만의 평균 경제성장률을 보였다. 그러나 중요한 것은 절대성장액이다. 해당 시기 동안 중국의 1인당 GDP는 1만 달러 증가한 반면 미국의 증가액은 4만 달러이다. 중국 다음으로 세계화 정도와 성장 속도가 빠르다고 평가받는 베트남의 같은 시기 증가액은 3천 달러 미만이며 현재 중국의 대안으로 거론되는 인도의 증가액은 2천 달러에도 못 미친다. 반면 경제성장이 지체되고 있다는 영국 프랑스 독일도 2만 달러 정도 증가했으며 일본 역시 잃어버린 30년이라는 부정적 평가에도 불구하고 1만 5천 달러 증가했다.[4]

---

3) 25년 후 간극의 크기가 정점에 다다르고 이후 줄어들어 언젠가는 따라잡겠지만 고성장률을 계속 유지한다는 비현실적 전제하에서이다.
4) "Maddison project", 27 July 2016.

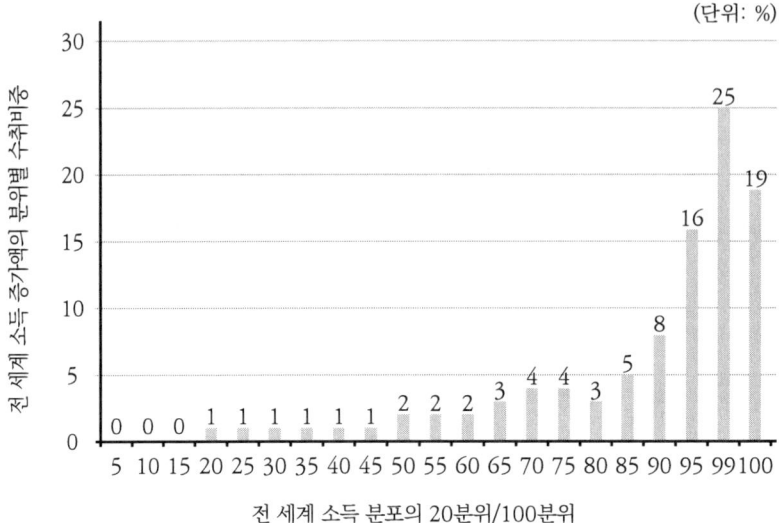

전 세계 소득 분포의 20분위/100분위

위 그래프는 1988년부터 2008년까지 세계 1인당 실질소득 증가액을 100으로 봤을 때 각 20분위가 어느 정도로 소득 증가를 보였는지 나타낸다. 상위 10%가 전체 60%, 상위 5%가 44%, 상위 1%가 19%를 가져간 것을 알 수 있다.[5] 신자유주의 이후 국가 간 분업과 무역 확대로 인해 증대된 생산분의 대부분을 누가 가져갔는지는 명확하다. 개미가 1초에 열 걸음을 걸을 때 코끼리는 한 걸음이지만 개미는 절대로 코끼리를 따라갈 수 없는 것에 더해 간극은 계속 늘어난다.

세 번째 반박 논리가 가장 본질적이고 치명적이다. 최소한의 양심 혹은 체면 때문에 드러내 놓고 표현하지는 않지만 부유층 기득권층

---

5) 브랑코 밀라노비치, 『왜 우리는 불평등해졌는가』, 21세기 북스, 2017, p. 44~45.

의 상당수는 마음속으로 150년 전에 매독으로 정신병자가 된 인간의 말에 공감한다. '인간은 동일하지 않다. 우월한 자와 열등한 자가 있으며 이러한 강자가 약자를 지배하고 착취하는 것이 말 그대로 자연스러운 자연의 법칙이다.'[6] 양 한 마리의 목숨이 사자의 한 끼에 해당하며 양은 이에 대한 대응으로 상대적 다산으로 진화해 온 것은 사실이다. 하지만 이러한 소위 자연법칙은 제로섬게임이며 그러기에 사자와 양이라는 종은 출현한 이래로 지금까지 발전이 없다. 하지만 인류는 이성에 의한 지식과 정보의 생산·공유를 바탕으로 하여 착취가 아닌 분업과 협업을 통한 확대재생산으로 결국 자연에서 가장 우월한 위치에 이르렀다.

의외로 착취 주체 중 많은 이들이 한계비용체증 법칙에 의해 저개발국에 대한 투자가 생산량 증대에 더 효율적이라는 사실을 알고 있다.[7] 그러나 그들도 프라이데이의 몫을 늘리는 결정을 하지는 않는다. 게임이론에 의해서이다. 착취유인에 의해 행동하는 특정할 수 없는 누군가가 반드시 존재하기 때문에 모두가 지대추구를 지속한다. 현실 세상은 범죄자의 딜레마와 공공재 게임의 무한 반복이다.[8]

---

6) 프리드리히 니체, 『선악의 저편』, 1886.
7) 하지만 실제 상황에서 저개발국에 대한 원조와 차관의 많은 부분이 정치체제를 포함하는 각종 인프라 부족에 의한 소모와 낭비로 이어지는 경우가 사실이기도 하다.
8) 어떤 이는 'tit for tat' 이론 등을 근거로 범죄자의 딜레마를 극복하고 상호협력의 원리를 정착시킬 수 있다고 주장한다. 하지만 맞대응 전략은 특정 상대와 반복이 전제이다. 앞으로도 계속 함께 생활하리라 예상되는 공

불공정 분배에도 불구하고 필수재가 부족한 저개발국의 경우 자유무역으로 인한 추가 소득이 발생하므로 객관적 경제 상황이 다소라도 나아지고 있는 것은 사실이다. 자본에 희생되는 저개발국 아동들의 상황을 개선하기 위해 미성년 노동력을 활용한 생산물에 대한 수입금지 조치를 시행한 경우도 있었다. 그러나 그 결과 이전에 공장에서 일하던 아이들이 굶주린 채 거리를 떠돌게 되었다고 한다. 그래서 많은 이들이 분배율과는 상관없이 자유무역으로 저개발국의 절대적 상황이 다소나마 개선되고 있으니 안 하는 것보다는 낫다고 주장한다.[9] 현실적으로 타당한 의견이다. 하지만 공정분배가 더 나은 결과에 이르리라는 것은 설명할 필요도 없다.

　국가 내 불평등보다 국가 간 불평등이 더 심각한 상황이며 더 우선적 해결과제이지만 현실 상황은 반대로 더 악화되고 있다. 국내 불평등 해소는 어려운 과제에 해당하지만 국제적 불평등 해소는 사실상 몽상인 듯하다.

　　동체 내에서나 볼 수 있는 현상이다. 불특정 다수의 프라이데이 중 언제든지 선택지를 바꿀 수 있는 현재의 국제교역 상황에는 성립되지 않는다.
9) 50여 년 전만 해도 많은 저개발국들이 종속이론 등에 근거하여 반미 반제국주의를 기치로 내걸고 서방 기업과 자본을 쫓아내려 했었다. 하지만 쿠바의 사례에서 보듯이 거래의 중단은 양측 모두에게 손해임을 깨닫고 현재는 어떻게든 선진국 기업과 자본을 유치하려 저개발국 간 경쟁이 치열한 상황이다. 경쟁의 심화는 상대적 다수인 저개발국의 분배 몫을 감소시키는 상황으로 이어지고 있다.

보충 1-1. 규제철폐·시장개방

대기업(자본)이 정부에게 항상 요구하는 것 중의 하나는 규제철폐이다. 국제적으로는 IMF나 세계은행 등이 저개발국에 대한 차관 구제금융 등의 전제조건으로 시장 개방을 강요한다. 두 가지 주장의 근거는 완전경쟁이 최대 생산량을 달성한다는 것이다. 완전경쟁이 생산량 최대화를 이루는 것은 맞다. 그런데 완전경쟁의 가장 중요한 요건은 진출입의 자유이다. 규제철폐와 시장개방이 진출입의 자유를 이루어 내는가? 형식적인 진출입 규제가 사라진다고 해서 수익이 많은 첨단 산업에 당신이 진입할 수 있는가? 당연히 불가능하다. 자본보유량 때문이다. 반면 지금 당신이 종사하고 있는 업종의 수익성이 크게 기대된다면 대기업들은 당연히 진입할 것이고 규모의 경제에 밀려서 당신은 퇴출될 것이다. 국제적으로도 마찬가지이다. 다수의 경제학자들은 각국이 비교우위를 가지는 산업에 특화한 후 생산물을 시장에서 자유롭게 거래하는 것이 효율적이라 주장한다. 하지만 저개발국이 비교우위를 가지는 분야는 노동집약적 산업이며 다수의 경쟁자가 존재한다. 즉 지대가 없으며 저임금 저소득 저자본의 악순환을 이룬다. 반면 선진국의 고부가가치 첨단산업은 막대한 자본뿐만 아니라 질적으로 우수한 인적자원과 전력 정유 항만 도로와 같은 물적 인프라에 더해 법규와 제도 등의 비가시적 인프라까지

갖춰져야만 한다. 따라서 상대적 소수이기 때문에 독과점에 의한 지대가 발생한다.[1]

국가 내 (대자본을 위한) 규제철폐, 국가 간 시장개방 어떤 경우라도 자본보유량에 의한 진입장벽을 강화시킨다. 그에 의한 불완전경쟁으로 독과점 정도가[2] 더해져 지대가 확대되어 부의 불평등을 심화시킨다.

---

[1] 가시적 목표가 보이는 모방이 비가시적 목표를 가지는 발명보다 수월하기 때문에 선진국보다 저개발국의 성장률이 높아서 따라잡기에 의해 간격이 줄어들 것이라고 많은 이들이 주장한다. 하지만 모방의 주체는 다수라서 지대가 작고(상대적 자본축적이 힘들고 인프라도 부족해서 현실적으로 첨단산업·고부가가치산업에서의 '따라잡기'가 어렵다) 선진국이 주력하는 발명 혁신 등은 어렵기는 하지만 지대가 훨씬 크다.

[2] 독과점은 많은 부작용을 초래한다. 하지만 슘페터가 말했듯이 독과점으로의 유인이 창조와 혁신을 이끌어 내는 것도 사실이다. 부작용과 동기부여 사이의 균형점을 찾아내는 것이 경제학의 과제 중 하나이다.

보충 2. 한계생산성 이론

각 생산요소는 재화의 생산에 기여한 만큼의 보수를 받게 됨을 논증한 주장이 한계생산성 이론이다. 쉽게 말해 소득은 능력과 노력에 의한 성과만큼 정해진다는 주장이다.

그런데 한계생산성 이론은 생산된 재화가 판매되는 상품시장과 기업이 생산요소를 구입하는 요소시장 둘 다 완전경쟁상황이라고 전제하는 것에서 출발한다.

노동·자본이 생산에 기여한 정도는 각각의 노동·자본이 생산하는 재화가 다르기 때문에 현실에서 재화의 가격을 통해 측정된다. 만약 재화시장의 불완전경쟁으로 인해 가격에 지대가 존재한다면 노동·자본 기여 정도의 객관성이 담보될 수 없다.

요소시장도 마찬가지이다. 현실의 노동시장과 자본시장이 완전경쟁이라고 가정하는 것은 완전한 억지이다(특히 자본시장은 자본보유량이라는 진입장벽에 의해 노동시장보다 정도가 훨씬 더한 불완전경쟁시장이다).

한계생산성 이론에서는 자본이 기여한 만큼 자본의 가격이 정해진다고 주장한다. 즉 자본기여도(자본생산성)=자본가격이라는 것이다. 따라서 자본가격을 산출하기 위해서는 자본기여도를 측정하여야 한다. 자본기여도는 생산량/투입량이다. 자본투입량을 계량하기 위해서는 자본 단위를 설정해야 한다. 자본투입량은 해당 자본재 1단위의 가격 × 수량 아니냐고 반문하겠지만 자본재 1단위의 기여도가 측정되어야 1단위의 가격이 정해진다. 즉 자본투입량을 자본재 1단위의 가격 × 수량에 의해 측정할 수 있다는 주장은 명백한 순환논법에 해당한다(투입량을 측정해야 기여도가 산출되며 가격이 정해진다. 투입량 측정에 가격을 이용하는 것은 결론을 전제로 끌어오는 전형적인 순환논리에 해당한다). 여하튼 자본 단위의 설정이 불가능하다는 것은 경제학자라면 누구나 인정하는 사실이다. 자본 단위 설정이 불가능하기 때문에 투입량과 그에 의한 기여도를 측정할 수 없다. 따라서 기여도에 의해 자본의 몫인 자본가격이 정해진다는 논리도 성립할 수 없다.

물론 측정할 수 없다고 해서 자본의 생산기여도가 존재하지 않는 것은 아니다. 자본가에 돌아가는 몫은 자본가의 노동에 대한 대가 + 이전 노동의 결과물인 자본을 소비하지 않고 생산재로서 투입한 것에 대한 보상이라고 할 수도 있다. 그러한 보상이 없다면 자본이 생산재로 투자될 수 없기에 정당성이 확보될 수 있다. 그렇지만 현실경제에서 자본의 몫(자본가격)은 수요공급의 시장원리에 의해 정해지며 앞서 말했듯 자본시장은 극도의 불완전경쟁시장이기에 그러한 몫의 상당 부분이 기여도를 넘어서는 지대에 해당한다.

많은 경제학자들이 언급한 문제들을 인정하지만 그럼에도 한계생산성 이론이 '어느 정도'는 현실을 반영하며 대안도 없다고 주장한다. 그런데 '어느 정도'의 구체적 수치가 도대체 얼마인가? 고소득자들은 '어느 정도'와 '상당 정도'의 의미가 유사하다고 간주함으로써 지대에 의한 고소득을 정당화한다.

자본단위를 설정할 수 없기 때문에 한계생산성 이론에 문제가 있다는 점이 일부 경제학자들을 머리 아프게 하지만 아이러니하게도 현실 경제에서는 그 점이 오히려 자본가에게 유리하게 작용한다. 재화의 생산에 기여하는 요소는 크게 노동, 자본, (기술을 포함하는) 공공재로 구성된다. 기업의 판매수익 중 기술을 포함하는 공공재의 몫으로 세금을 납부하고 노동자의 몫으로 임금을 지급한 후 나머지를 자본기여분으로 간주하고 수취하는 것이다.

학자들은 총생산량(GDP)에서 노동기여분과 자본기여분을 차감한 나머지를 (기술을 포함하는) 공공재기여분으로 간주한다. 하지만 자본기여분의 정확한 계산이 불가능하기 때문에 공공재기여분의 산출 역시 마찬가지이다.

요컨대 현실경제에서 완전경쟁이란 없으며 자본생산성도 측정이 불가능하다. 따라서 한계생산성 이론은 현실설명과 거리가 멀다.

2장의
보충 1. 마르크스의 오류

필자가 일관되게 주장하는 것은 부의 불평등 완화이다. 하지만 만약 균등한 분배(공산주의)와 불공정 분배(착취체제) 중 하나만 택해야 한다면 당연히 착취체제를 선택할 것이다. 균등한 분배는 모두를 가난하게 만들지만 착취체제는 일부라도 부유하게 만들고 절대량도 더 많기 때문이다. '능력에 따라 일하고 필요에 따라 분배하는 사회', '억압과 착취로부터의 해방', '노동해방으로 인간소외 극복'과 같은 감동적인 이상은 왜 실패하였는가?

마르크시즘의 오류 몇 가지를 고찰해 보겠다. 가장 중요한 오류인 노동가치설과 그와 연관된 순환논법의 모순은 이미 많은 이들에 의해 충분히 논증되었기에 생략한다.

(1) 인간 본성에 대한 잘못된 가정

'능력만큼 일하고 필요에 따른 분배'라는 생각은 인간 본성에 대한 무지에서 나온 오류라고 본문에서 언급했다.[1] 인간은 노동량(에너지

---

[1] 만약 마르크스의 주장처럼 인간의 본성이 이타적이라면 공산주의가 아니라 아나키즘이 이상에 부합한다. 공산주의는 구조를 전제로 한다. 어떤 형태의 구조이든 정도의 차이일 뿐 인간자율성을 억압한다. 어떠한 억압과

소비량)만큼 결과물이 동반되지 않으면 일하려 하지 않는다. 4장에서 강조했듯이 사적 재산권을 바탕으로 하는 자본주의가 생산력을 비약적으로 발전시켰다. 사적 소유권이 부정되면 노동에 대한 동기부여가 이루어질 수 없다. 당연히 공산주의는 몰락할 수밖에 없다.[2]

(2) 자본주의의 지속적 성장을 예견하지 못함

경쟁심화 - 자본고도화 - 이윤율 저하 - 착취율 증대 - 노동자의 임금 하락 - 수요 감소 - 불황의 심화 - 파국에 이를 것이라고 마르크스는 주장했다. 따라서 마르크스를 비롯한 많은 공산주의자들은 자본주의가 발달한 독일이나 영국에서 공산혁명이 시작될 것이라 생각했다. 하지만 알다시피 실제 공산혁명은 이들이 전혀 예상치 못한 후진 농업국가인 러시아에서 이루어졌다. 이에 대해 좌파들은 이런저런 이유를 들어 합리화하려 했지만 원리는 간단하다. 마르크시즘의 전제 중 하나는 자본주의하에서는 착취구조 때문에 성장은 정체되거나 감소한다는 것이다. 하지만 1800년에서 1900년 사이 독일의 생산력은 20배 가까이 성장했으며 1인당 실질소득은 6배 이상 커졌다는 연구결과가 있다. 물론 구체적 수치에 대해서는 이견이 있을 수 있지만 이 시기 미국 독일 영국이 이룬 성장은 그 이전 어

구조도 배제하는 아나키즘이 이타성에 훨씬 부합한다.
2) 누군가는 현실사회주의가 사적 소유를 완전히 부정한 것이 아니라 생산수단에 한해서만 사적 소유를 금지했고 어느 정도의 인센티브 시행으로 인한 동기부여도 있었다고 반박할 것이다. 하지만 어떤 형태로든 사적 소유에 대한 제한은 동기부여에 있어 장애물로 작용한다.

떤 시기와도 비교할 수 없는 엄청난 성과였다.[3] 기득권층에 비하면 상대적으로 적지만 일반 대중들에게 돌아오는 절대량도 꾸준히 늘어나서 사람들은 자신의 할아버지가 살던 세상과는 전혀 다른 세상에 살게 되었다. 자신에게 돌아오는 몫이 늘어나고 있는 상황을 뒤집으려는 사람은 소수의 몽상가를 제외하고는 없다. 반면 러시아의 생산력 주체는 후진적인 농노제에 묶여 있는 다수 농민들이었다. 직접적 착취에 시달리고 있었으며 선조들의 삶과 다름없는 정체 상태였다. 비약적 발전의 혜택을 누리고 있는 서유럽 국민들에 비해 구시대적 착취 제도에 얽매인 러시아 민중들의 변화에 대한 욕구가 더한 것은 당연하다.

러시아에서 공산혁명이 성공했던 이유는 농노제와 같은 후진적 직접적 착취체제로 인한 성장의 정체 퇴보 때문이다. 반면 서유럽에서 공산혁명이 실패한 이유는 자본주의하에서의 생산력 증대로 모두에게 돌아오는 몫이 늘어났기 때문이다.[4]

---

3) 물론 그중 일부는 제국주의착취에 의한 결과물이다.
4) 중요한 것은 성장이다. 성장이 정체되면 착취유인이 증가한다. 서유럽으로 대표되는 선진국들은 1848년 이후(1848년 이전 성장량의 대부분은 기득권층에 돌아갔고 일반 대중들의 삶의 수준은 정체 상태였거나 도시노동자의 경우 더 악화된 것이 사실이다) 오일쇼크까지 생산력의 비약적 증대로 모두에게 돌아가는 몫이 늘어났기 때문에 좌익혁명의 가능성은 완전히 사라졌다. 하지만 오일쇼크라는 한정된 자원에 의한 공급충격으로 성장이 정체됨으로써 다시 착취유인이 증가하여 신자유주의로 구체화되었다. 국가 내에서는 근로시간 증대, (실질) 임금 하락, 비정규직 증가 등의 노동조건 악화와 같은 직접적 착취 증가에 더해 복지혜택 감소가 동반되었으며 국제적으로는 자유무역 시장개방 등의 논리를 내세워 저개발국 노동자들에 대한 간접적 착취 정도를 늘려 가고 있다. 그럼에도 불구하고 신자유주의

(3) 유물론에 근거하여 정신세계를 부정

마르크스는 정신이란 현상은 인정했지만 본질은 물질이기 때문에 기계적 인과론의 범주를 벗어날 수 없다고 주장했다. 그러나 정신은 물질에서 기원하지만 질적 변화로 인해 속성이 다르다. 따라서 기계적 결정론으로 설명되지 않으며 계량화도 불가능하다. 계량화가 불가능한 정신노동의 존재가 측정 가능한 물리적 노동을 기반으로 하는 노동가치설의 오류에 대한 근거 중 하나이다. 마르크스의 유물론에 의해 정신노동이 부정되면 창의력이나 고도로 조직화된 자본주의하에서의 조직관리 같은 고차원의 효용생산력이 부정된다.[5]

극심한 착취시대였던 초기자본주의 상황을 바탕으로 한 마르크시즘은 1848 혁명과 이후의 사회운동 등에 이론적 기반으로써 기여를 하기도 했다. 하지만 수많은 오류로 인해 자본주의에 대한 근본적 대안이 될 수 없으며 실제 역사에서도 시행착오로 인한 폐해가

가 지속되고 있는 이유는 농민공으로 대표되는 저개발국 노동착취의 결과로 인한 필수재 가격 하락이 선진국 노동자들의 소득 감소분을 상쇄시키고 있으며 저개발국 노동자의 경우 비록 불공정한 분배 몫이지만 절대적 빈곤 상태를 개선하는데 도움이 되기 때문이다. 하지만 이러한 상황이 지속될 수는 없다. 선진국은 소득 불평등에 의한 교육 불평등으로 미래 생산성(증가율)을 감소시키고 있으며 저개발국의 노동집약적 산업은 난개발과 환경오염과 같은 자연 착취의 결과로 이어지고 있다. 자연 착취는 미래세대를 착취하는 것이고 착취의 반복 심화는 결국 파국으로 이어질 것이다. 지속 가능한 성장이 중요하다.

5) 마르크스는 노동을 물리적 개념에 한하는 너무 좁은 의미로 한정시켰다. 두뇌활동에 의한 노동도 있으며 명백히 효용생산에 기여한다.

막대했다. 마르크시즘의 의의는 초기자본주의에 대한 반(反)의 원리로서의 역할에 그쳤을 뿐이다.

보충 2. 행동경제학에 대한 반론

행동경제학은 기존 경제학에서 가정하는 인간의 합리성과 이기심에 대하여 문제를 제기하고 여러 실험을 통해 반증함으로써 성과를 인정받고 있다. 하지만 그들이 언급하는 비합리성에 대한 주요 논거 몇 가지는 오히려 궁극적 합리성의 결과물이라 할 수 있다.

(1) 휴리스틱

행동경제학자들은 실험에 의해 의사결정과 문제 해결 과정에 있어 합리성에 의한 논리적 추론이 아니라 어림짐작인 휴리스틱에 의한 경우가 더 많다는 것을 실증했다. 그런데 해당 실험에 대해 궁금한 것은 피험자들이 특정 문제를 해결했을 때 주어지는 보상의 크기이다. 피험자들의 대부분이 학생들이었기 때문에 아마도 보상이 없거나 미미했을 것이다. 두뇌활동은 많은 에너지를 소모한다고 했다. 에너지는 비용이며 어느 정도의 비용을 지출할지는 기대수익의 크기에 비례한다. 보상의 크기와 정답률은 인과관계를 가질 것이 당연하다. 보상이 없거나 작은 활동에 에너지를 낭비하지 않으려 하는 것, 즉 휴리스틱에 의거하는 것이 오히려 합리적 결정이다. 행동경제학은 합리성의 정의를 논리적 수학적 사고에 한하는 너무 좁은 의미로 한정시켰다.

(2) 최후통첩 게임

최후통첩 게임의 결과를 통해 사람들이 자신의 이익만을 추구하지는 않는다고 주장한다. 그런데 최후통첩 게임에서 제안자가 수용자에게 많은 분배 몫을 제의하거나 수용자가 자신에게 적은 분배 몫을 거부하는 것은 다른 형태로서의 이익실현이기도 하다. 이익을 넓게 정의하면 물리적 경제적 이익뿐만 아니라 관용의 베풂, 부당함에 대한 저항 같은 심리적 만족 또한 이익에 포함된다. 물론 자신만을 위하는 이기심보다는 상호이익이 고차원의 이익이라 할 수 있다.

그런데 필수재 결여 상황에서는 심리적 만족에 대한 욕구보다 필수재에 대한 필요 정도가 더 크다. 실제 일부 경우인 저개발국에서의 실험에서는 작은 분배 몫에도 수용자가 받아들인 경우가 다수였다고 하며 당연한 결과이다. 분배율이 99:1이지만 수용자가 굶주린 상태의 극빈층이며 1%의 금액이 그의 하루 수입 혹은 식비에 해당한다면 절대로 거부할 수 없다. 문제는 1%의 분배 몫이 실험에서가 아니라 1장의 보충 1에서 언급했듯이 실제 상황이라는 것이다.

(3) 확실성 효과

오늘의 빵 10개를 내일의 빵 11개보다 선호하지만 100일 후의 빵 10개보다는 101일 후의 빵 11개를 더 선호하는 현상을 비합리성의 예로 든다. 이때 행동경제학자들은 오늘과 100일 후, 내일과

101일 후를 동일 범주로 간주하지만 잘못된 분류이다. 오늘이라는 집합, 내일 100일 101일의 집합으로 나누어야 한다. 오늘·지금·당장은 직관에 의해 인식되는 확실한 사실이지만 내일 이후는 이성에 의해 예측되는 가능한 사실이다. 내일 이후는 확률 크기의 차이일 뿐이지 오늘만큼 절대적으로 확신할 수 없다. 불확실한 미래보다 확실한 지금을 어느 정도 우선시하는 판단이 합리적이라 할 수는 없지만 당연한 결정이 아닐까? 옛날 극심한 기근기에는 다음 파종의 씨앗을 오늘의 식량으로 소비하는 경우들이 있었다. (굶주림의 경험이 없는) 행동경제학자들은 이렇게 얘기하는 듯하다. '오늘은 한 끼지만 6개월 후에는 한 달 치이다. 그러니 굶어 죽더라도 씨앗은 손대지 마라.'

하지만 오늘 죽으면 내일은 없다.

(4) 부존효과와 손실기피현상

당연하다. 한계효용체감 때문이다. 더 이상의 설명이 필요 없다.

누군가가 행동경제학은 포스트모더니즘의 경제학 버전이라고 얘기했다. 포스트모더니즘은 이성의 남용과 맹신에 대한 주의와 경고로서 가치와 의의가 있지만 너무 지나쳐서 합리성을 부정하는 정도에 이른 것은 당연히 오류이다. 행동경제학이 같은 전철을 밟지 않기를 바란다.

보충 3. 세율과 근로시간

(필자가 가지고 있는) 07년도 판 『맨큐의 경제학』에는 미국과 프랑스 등의 예를 들며 근로시간과 세율 간의 음의 상관관계에 대해 언급하는 부분이 있다. '높은 세율은 근로의욕을 감소시킨다'는 주장은 많은 사람들에게 상식처럼 받아들여지고 있다.

다음 그래프는 본문에서 언급한 주요 13개국의 국민부담률(세금+사회보장기여금)과 근로시간 간의 상관관계를 나타내고 있다.[1]

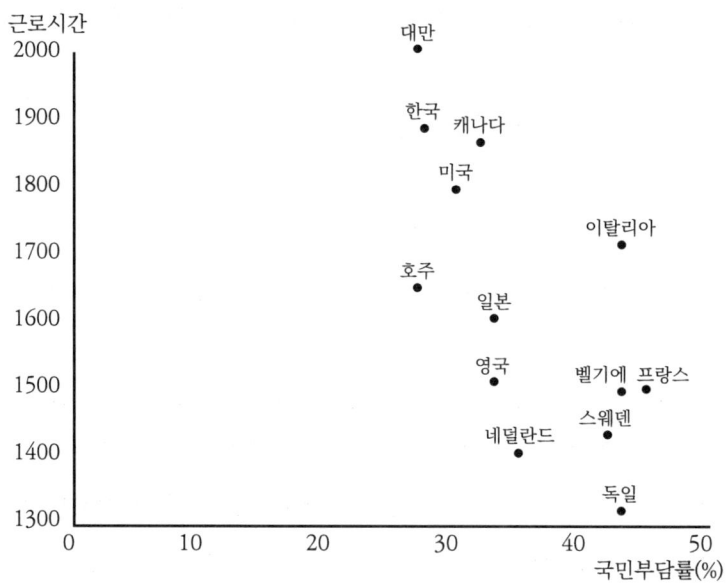

---

1) 근로시간, 국민부담률, 1인당 소득, 생산성 지표들은 21~23년 OECD 보고서에서 인용했다.

많은 이들의 상식처럼 음의 상관관계를 보이는 듯하다. 물론 인과관계인지는 명확하지 않다.

다음 그래프는 국민부담률과 1인당 GDP 간의 상관관계이다.

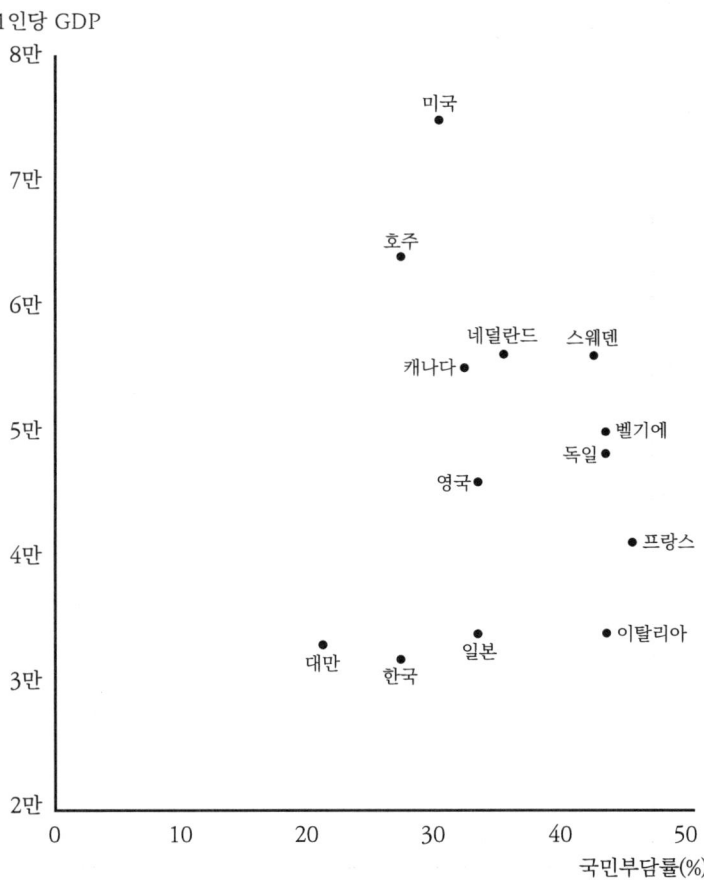

소득과 국민부담률 간에는 유의미한 상관관계가 관찰되지 않는 듯하다. 하지만 위 국가들 중에서 미국 캐나다 호주는 타 국가들과 성격이 많이 다르다. 3개국의 자원보유량은 나머지 국가들과 비교 불가능한 수준이다. 막대한 자원보유량이 국민부담률을 상당 부분 완화시킬 것임은 당연하다. 3개국을 제외한 결과를 다시 그려 보았다.

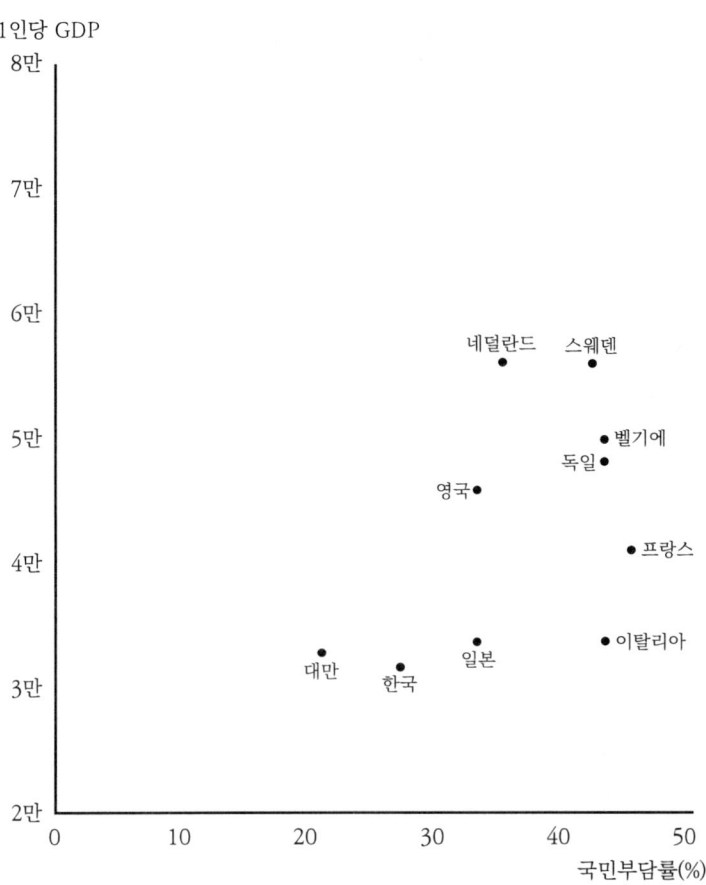

첫 그래프와는 달리 국민부담률과 소득 간의 비례관계가 성립하는 듯하다. 언급한 상식과는 반대로 국민부담률이 높을수록 소득이 높게 나타난다.

국민부담률이 높을수록 근로시간이 감소하는데 소득은 오히려 많아진다. 이러한 모순되어 보이는 상황을 어떻게 설명할 수 있을까?

다음 그래프는 국민부담률과 노동생산성 간의 관계를 나타낸다.

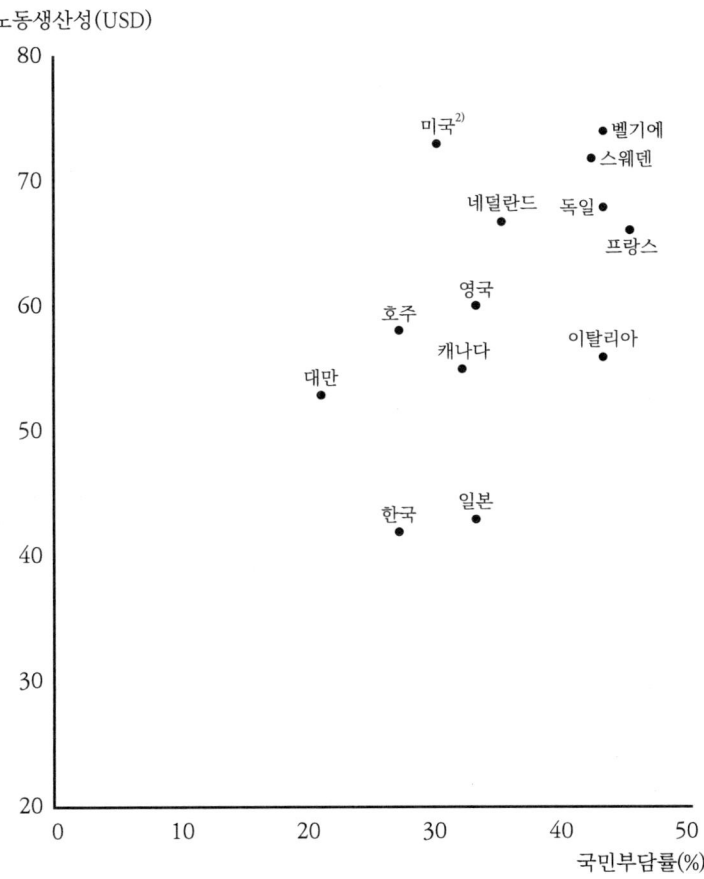

역시 3개국을 제외하면 다음과 같다.

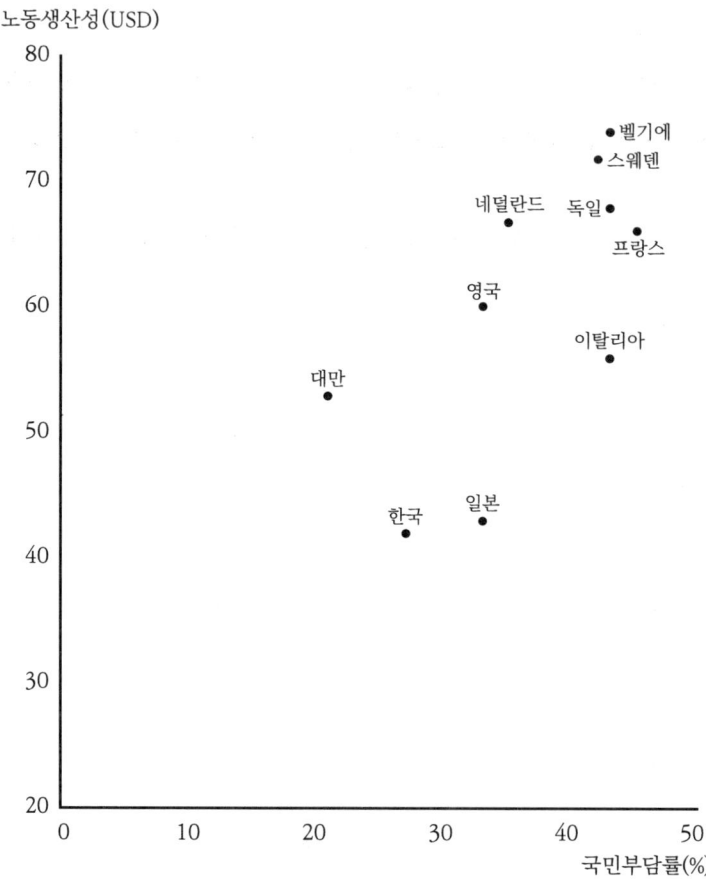

---

2) 미국의 경우 생산성이나 소득이 높음에도 근로시간이 많은 것은 타국에 비해 불평등 정도(13개국 중 1위)가 심하기 때문이다. 소수의 고소득자들 때문에 평균 소득과 생산성이 높게 나타나지만(평균값의 착시현상에 해당) 중산층 이하 서민들은 노동시간의 증대로 소득 부족분을 대체하고 있다.

소득과 마찬가지로 생산성 역시 국민부담률과 비례관계를 보인다. 국민부담률이 높을수록 생산성도 높게 나타난다.

상기 결과에 대한 필자의 해석은 다음과 같다. 국민부담률과 인과관계를 가지는 것은 생산성이다. 건전하고 유능한 정부가 조세 준조세 등의 국민부담을 효율적으로 인적자원개발에 투자하여 노동의 질적 수준을 높인 것이다. 세율이 높기 때문에 근로시간이 짧은 것 즉 일을 안 하는 것이 아니라 높은 세율 덕분에 생산성이 증대되어서 적게 일해도 되는 것이다(소득 그래프의 기울기가 생산성 그래프의 기울기보다 완만한 이유). 전제는 당연히 정부의 도덕성과 역량이다.

3장의
보충 1. 통화정책

저개발국이 재정정책 위주여야 한다는 주장은 역으로 선진국은 통화정책의 비중이 더 높아야 한다는 얘기이다. 선진국의 경우 각 경제주체들의 목표가 상이한 것에 더해 해당 분야에 대해서는 정부보다 민간이 지식과 정보에서 우위에 있으며 전문성까지 갖추고 있기 때문이다.

그런데 통화정책에는 치명적인 단점이 있다. 통화정책의 대표적 수단은 금리정책과 공개시장정책이다. 금리인하에 의해 시중은행을 통한 대출확대로 통화팽창을 유도한다. 그런데 구체적 대출 결정권자인 시중은행은 누구에게 대출을 제공하는가? 경기 침체로 어려운 정도가 더한 계층일수록 대출에 대한 필요정도가 크겠지만 은행에게는 알 바 아니다. 은행 입장에서는 안정성이 가장 중요하기에 담보여력이 좋은 수요자에게 대출한다. 즉 부유층에게 대출이 편중된다. 공개시장정책은 채권(주로 국채) 매입을 통해 통화를 확대한다. 누가 채권을 보유하고 있는가? 당연히 부유층이다. 국채보유는 개별 민간보다는 은행이나 보험사 또는 연기금의 비중이 크다고 반박하겠지만 은행과 보험사의 금융상품을 보유하고 있는 이는 당연히 상대적 부유층이며 연기금 가입자도 빈곤층보다는 여유 있는 중산층이다.

더 중요한 문제는 확대된 통화량의 목적지이다. 통화정책의 목적은 침체된 실물경기 회복이다. 그런데 실물분야가 침체되어 있다는 바로 그 이유 때문에 확대된 통화는 실물분야로 이동하지 않는다. 확대된 통화의 수혜대상인 부유층이 정보와 자본보유에 있어 우위를 점하고 있는 부동산과 주식시장으로 편중된다(일본의 사례처럼 주식과 부동산마저 비전이 없을 경우 해외로 이탈한다). 확대된 통화량 덕분에 경기지표는 분명히 상승하며 정책 주체인 정부는 성과로 자찬한다. 하지만 그 혜택은 부동산과 주식보유자인 부유층에게 한정될 뿐이며[1] 서민 이하 계층은 인플레이션 조세(물가상승으로 인한 실질소득 감소)로 인해 오히려 더 빈곤해진다. 서민의 부를 부유층에게로 이전하는 것이다. 정책 주체인 영악한 정치인과 관료들이 이러한 원리를 모를 리 없다. 하지만 그들 스스로가 수혜대상인 기득권층이기에 외면하는 것이다.

유능하고 양심적인 정부라면 그러한 폐해를 상당 부분 바로 잡겠지만 실제 상황에서 찾아보기는 매우 어렵다.

---

1) 08년 금융위기 20년 코로나 팬데믹 시기의 유동성 증대로 인한 부동산가격 상승은 전 세계 공통된 현상이었다. 통화량 확대로 인한 자산가격 상승은 당연한 일이다. 그런데 어느 국가이든 중산층 소유의 중저가 주택보다 수도권 핵심지역의 고가 아파트 가격 상승률이 훨씬 높았다. 확대된 통화량이 어디로 편중되었는지 보여주는 실증사례에 해당한다.

금리(자본조달비용)가 낮아지면 투자가 활성화된다고 경제학 교과서에서는 얘기한다. 하지만 투자결정 주체에게 있어 금리는 부차적 요인이다. 투자결정의 핵심 요인은 기대수익이다. 금리가 높아도 기대수익률이 상회하면 당연히 투자에 나선다. 금리가 아무리 낮아도 기대수익률이 그보다 못하면 투자를 유보한다. 실물경기전망 즉 기대수익의 크기에 의해 투자가 결정된다. 따라서 극심한 경기 침체기에는 오히려 정밀한 재정정책이 더 효과적일 수 있다. 물론 전제는 집행주체인 정부의 역량이다. 하지만….

4장의
보충 1. 나폴레옹 법전

명예혁명이 영국에서 자본주의 시작의 핵심 요인으로 작용했다고 본문에서 얘기했다. 그렇다면 대륙에서는 왜 영국보다 늦어졌는가? 그리고 언제 어떤 계기로 자본주의가 본격화되었는가?

중세의 유럽은 지금과 같은 프랑스 독일 이탈리아라는 국가 개념이 없었다. 앙주가 영지의 농노, 브레멘 자유시의 재단사, 사보이 공국의 선원이 중세인들의 정체성이었다. 그리고 일부 도시의 경우를 제외하면 대부분의 형태는 봉건영지였다. 중세시대에도 로마법이나 교회법 등이 존재하기는 했지만 구성원의 대다수를 차지하는 평민들의 생활에 직접적으로 작용하는 규율은 해당 영지를 소유하고 다스리는 영주의 칙령[1]이었다. 동일 영주라도 언제든 마음대로 바꿀 수 있으며 당연히 영주마다 차이도 있다. 그에 더해 칙령이 영향을 미치는 범위인 영지 자체의 경계와 소유도 가변적이었다. 이웃한 A 마을과 B 마을이 어제까지는 A 마을에 거주하는 a 영주가 다스리는 동일한 영지였으나 영주의 사망 혹은 전쟁에서의 패배와 같

---

[1] 칙령은 정확히는 왕의 구두 명령을 뜻하지만 영주의 명령에 해당하는 적당한 단어가 없어 자의성 변동성 등에서 유사점을 가지는 해당 단어를 차용했음을 밝힌다.

은 이유로 오늘부터 B 마을이 평생 이곳을 방문할 일 없는 멀리 떨어져 있는 C 마을에 거주하는 β 귀족의 영지로 바뀌는 경우도 흔했다. 경제적 상황을 대입해 보면 A 마을의 옷감제조공이 B 마을에 옷감을 판매할 때 어제까지는 10%였던 세율이 오늘부터는 20%로 될 수도 있는 것이다. 그에 그치면 그나마 다행이다. B 마을은 오늘부터 C 마을에서 만들어진 옷감만을 구매해야 할 수도 있다. 그럴 경우 C에서 B로 이동 중 거쳐야 할 E 영지에서의 교량세, F 영지에서의 도로세 등도 감안한다면[2] 가격 인상-거래량 축소-후생 감소로 이어지게 되는 것이다. 또한 B 마을의 옷감 1필과 C 마을의 옷감 1필의 규격이 다른 경우도 허다했다. 가장 중요한 것은 옷감제조공이 눈에 띄게 부자가 될 경우 영주가 세율을 올리리라는 것이다. 따라서 이러한 변동성과 그에 따르는 예측 불가능성 때문에 옷감제조공이 대량생산시설을 마련하는 것은 바보짓이 되어 버린다. 방직업자 방직산업이 출현하지 못하는 이유이다.

대혁명 이듬해 혁명정부는 그때까지 남아 있던 일부 지방분권을 완전히 일소시키고 하나의 행정 사법 체제로 통일시킨다. 이후 집권한 나폴레옹은 스스로 표현한 대로 그의 가장 위대한 업적인 나폴레옹 법전의 편찬으로 이를 완성시킨다.[3] 사적 소유권 보장과 계약자

---

[2] 이러한 거래장벽 때문에 A 마을에서의 풍년이 C 마을의 기근을 막지 못하는 경우도 빈번했다.
[3] 사실 혁명 이전에도 프랑스는 유럽대륙에서 상대적으로 가장 중앙집권화되어 있었으며 그런 상황이 도움이 되었다. 루이 14세는 내부 반란진압과

유의 조항이 포함되었음은 당연하다. 이어진 나폴레옹 전쟁에 의해 프랑스의 근대적 행정 사법체제가 전 유럽에 퍼져 나갔다. 불과 수 년 전 혁명과 내전이라는 혼란을 겪었던 국가가 홀로 유럽대륙 전체를 굴복시킨 비결을(보충 1-1. 하센하우젠 전투) 적국을 포함하는 모두가 모방하는 것은 필연이었다. 근대국가 수립은 돌이킬 수 없는 대세가 되었다. 중세가 끝난 것이다.[4]

명확한 국경선 내에서 단일정부의 일관성 있는 행정 사법 조세 제도가 행해지는 근대국가가 생산과 거래에서의 예측 가능성과 안정성을 보장함으로써 이윤동기를 고취시키는 것은 당연하다. 대륙에서 본격적인 자본주의를 가능하게 한 인프라가 마련된 것이다.

시민혁명의 당위성, 자유 평등 박애 정신의 전파라는 프랑스 혁명과 나폴레옹의 정치적 의의에 대해서는 널리 알려져 있다. 하지만 자본주의 인프라 마련이라는 경제적 성과 역시 그에 못지않다.

외부와의 전쟁 승리에 힘입어 전체 프랑스의 2/3에 해당하는 지역을 직할 통치한다. 다만 성문법제정으로까지 이어지지는 못했기에 완전한 근대국가라 할 수는 없었다. 남아 있던 지방까지 완전히 일원화시킨 것이 혁명정부이고 성문법 제정을 통해 제도적으로 완성시킨 것은 나폴레옹이다.
4) 에릭 홉스봄, 『혁명의 시대』, 정도영 외 역, 한길사, 2018, p. 219.

보충 1-1. 하센하우젠 전투

　1806년 10월 나폴레옹의 유럽정복 전쟁 중 프로이센과의 대결인 예나-아우어슈테트 전투가 벌어진다. 프랑스 황제 나폴레옹과 프로이센 국왕 프리드리히 빌헬름 3세가 각각 16만, 17만의 대군을 이끌고 직접 참전했기에 사실상 국운이 달려 있는 상황이었다. 두 군대 모두 주공과 조공 둘로 나누어 적을 찾아 나섰지만 정보의 부재 혹은 착오로 인해 각각 주공과 조공이 맞붙게 된다. 예나 전투에서 프랑스의 주공은 손쉽게 프로이센의 조공을 격파한다. 아우어슈테트에서는 프로이센의 주공과 프랑스의 조공이 맞닥뜨렸으며 초반부 수적 우위에 있는 프로이센이 당연히 프랑스를 밀어붙였다. 거의 3배에 달하는 적을 맞이한 프랑스군은 후방에 위치한 하센하우젠이라는 작은 마을로 후퇴한 후 병력을 수 명에서 수십 명 단위의 소규모로 산개시켜 담벼락과 가옥을 엄폐물로 활용하며 방어전을 전개한다. 이러한 프랑스군의 전술은 프로이센 지휘관들에게는 지금껏 듣도 보도 못한 너무나도 황당하고 당혹스러운 상황에 해당했다. 해당 시기 보병을 활용한 전투 형태는 넓은 들판에서 일렬횡대를 유지한 상태로 전진하며 번갈아 사격하는 이른바 라인배틀(선형제대) 방식이었다. 현재 기준에서는 다소 이해가 어렵겠지만 당시는 머스킷소총의 특성에 더해 장교들이 모든 병사들을 직접 통제해야만 했기에 어쩔 수 없는 전술이었다. 전투에서의 유불리함과 상관없이 병사들의 입장에서 장교가 보이지 않을 경우 모두가 도망갔기 때문이었다. 따라서 병사들을 소규모로 분리시킬 경우 장교들을 각 단위마다 배치할 수 없었기에 장교 없는 사병들만의 전투라는 것은 상상할 수 없었다. 여하튼 프로이센의 지휘관들도 바보는 아니었기에 엄폐한 적들을 상대로 기존 방법인 라인배틀로 공격했다가는 손쉬운 먹잇감이 될 것이라 판단했고 대안으로 포병을 활용한 포격에 이어 정예병력인 기병을 돌격시켰다. 하지만 엄폐물들이 포격을 효과적으로 막아 주었고 검으로 무장한 기병들이 담벼락 뒤편의 (비록 명중률은 형편없었지만) 총으로 무장한 보병들을 제압할 수는 없었다. 압도적 화력과 다수의 적군에 맞서 프랑스 병사들은 끈질기게 저항했고 시간을 벌어 준 덕에 예비사단이 투입될 수 있었으며 이후 반격으로 이어져 프로이센군에게 승리를 거둔다. 결국 나폴레옹은 베를린에 입성하고 프로이센을 완전히 무릎 꿇린다.

하센하우젠에서의 방어전이 결정적인 전환점이었다. 포병과 기병으로 성과를 보이지 못했다면 프로이센의 지휘관들도 소규모 보병제대를 조직하여 소탕전에 임했어야 했다고 생각할 것이다. 하지만 앞서 말했듯 불가능한 방법이었다. 오직 프랑스 병사들만이 체벌하는 장교가 보이지 않음에도 불구하고 도망은커녕 능동적으로 전투에 임했던 이유는 무엇일까? 아래는 프로이센의 군가 중 하나이다.

Fridericus, mein König, den der Lorbeerkranz ziert, ⋯
Fridericus Rex, mein König und Held, wir schlügen den Teufel für dich aus der felt.

월계관을 쓰신 프리드리히 대왕이시여, … 프리드리히 대왕이시여, 나의 왕이자 영웅이시여 우린 당신을 위해서 세상의 악을 물리칠 것이네.

병사들의 사기를 높이기 위한 군가의 내용이 왕과 국가에 대한 충성심 위주로 되어 있다. 하지만 프로이센 병사들의 대부분은 농노 출신이었다. 앞장에서 얘기했듯이 이들의 정체성은 '○○○가의 농노'였고 국가나 왕에 대한 개념 자체가 희박했던 정도를 넘어 '프로이센', '빌헬름 3세'라는 단어를 군에 와서야 처음 들어 본 경우가 다수였다. 그에 더해 전투와 전쟁에서의 패배가 이들 농노들에게 의미하는 것은 영주가 바뀐다는 사실 그 이상도 이하도 아니었다. 따라서 (왕과 국가를 위한) 전투에 임하려는 의지의 부족은 당연했다. 지휘관들도 병사들의 의욕부재라는 상황을 알고 있었기에 이들을 통제하고 전투로 이끌기 위한 방법으로 가혹한 매질을 일삼았다. 프로이센이 징병제를 실시했다고는 하지만 중앙에서 파견된 관리가 직접 징병대상을 파악하는 것이 아니라 할당량에 맞추어 영주가 알아서 선발하고 보고하는 형태였다. 요컨대 프로이센 병사는 주인인 영주가 나가라고 하니까 나온 것이고 말을 듣지 않으면 매질을 당했기에 어쩔 수 없이 전투에 임했을 뿐이다. 게다가 농노 신분이었기에 전투에서 아무리 성과를 보여도 귀족에게만 허용되는 장교로서의 신분상승은 불가능했다.

Égorger vos fils, vos compagnes! … C'est nous qu'on ose méditer De rendre à l'antique esclavage!
우리 아들과 아내의 목을 베려 한다. … 저들이 꾀하여 감히 우리들을 예전의 노예로 되돌리려 하는구나.

위의 프랑스 군가는 대혁명기간에 작곡되어 지금의 국가로도 불리는 그 유명한 「라 마르세예즈」이다. 대혁명을 통해 귀족 계급은 완전히 일소되었고 평민들은 재산권을 포함한 국민으로서의 지위를 보장받았다. 비록 징병되어 끌려 나온 상황은 다른 국가들의 병사와 마찬가지였지만 지켜야 할 것이 있었고 (대불 연합군들의 목표는 구체제로의 복귀였기에) 패배한다면 예전의 노예 상태로 돌아간다는 것을 알고 있었다. 그에 더해 의지를 북돋운 다른 요인도 있었다. 타국가의 경우 귀족들만이 장교가 될 수 있었지만 귀족이 사라진 프랑스 군대는 평민인 사병들 중 성과를 보인 자들을 장교 장군으로 진급시켰다. 군대 특성상 체벌이 없을 수 없었지만 타국에 비하면 극히 미미한 수준이었으며 장교들은 병사들을 훨씬 인간적으로 대우해 주었다. 그들 스스로가 사병 출신이었고 지금의 사병들 역시 언제든 같은 장교가 될 수 있었기에 당연한 일이었다.[1]

이겨도 얻을 것이 없고 져도 잃을 것이 없는 노예로 구성된 군대와 가진 것을 지키기 위해 싸우며 성과를 거둘 경우 보상이 주어지는 국민으로 이루어진 군대가 전투를 벌일 때 누가 승리할 것인지는 역사가 증명하고 있다.

이 글을 쓰고 있는 25년 5월 현재 두 강대국의 패권경쟁에 세계의 이목이 집중되고 있다. 물리적 충돌이 없다는 것뿐이지 사실상 전쟁상황에 해당한다. 일시적 소강이나 타협의 경우도 있겠지만 한쪽이 완전히 물러설 때까지 장기간 지속될 것이다. A 국가의 선출된 대

---

[1] 반면 타국의 귀족 출신 장교들에게 농노 신분 사병들은 그저 소유물에 불과했다.

표자들은 시끄럽고 말 많은 국민들의 불만에 발목이 잡히는 경우가 다반사이지만 독재체제인 B 국가의 지도자는 체계적 통제를 수단으로 하여 인민들을 정부의 방침에 일사불란하게 동조시키기 때문에 훨씬 유리한 상황이라고 많은 이들이 얘기한다. 하지만 알다시피 B 국가의 농촌 출신 근로자들은 지금까지의 성과에 대한 기여도가 가장 크며 여전히 국가경쟁력의 핵심임에도 도시민으로의 편입이 불가능하다(후커우 제도). 따라서 도시지역의 상대적으로 질 높은 교육 의료 주택으로의 접근이 제한되며 농민신분은 계속 세습되기 때문에 가난의 대물림이 악순환되고 있다. 상대적 형편이 나은 도시민이라도 항상 감시와 통제 속에서 생활한다. 경쟁상대로 생각하는 A 국가의 국민들이 항시 누리고 있는 정보접근권과 의견개진의 자유가 제한되어 있으며 정부의 방침에 반할 경우 자의적 법집행에 의해 언제든지 인신이 구속되는 것에 더해 가진 것을 모두 빼앗길 위험이 상존한다.

    이백여 년 전의 농노와 현재 농민공의 다른 점이 무엇인가? 매질 당하던 병사들과 복종을 강요당하고 있는 인민들의 차이점은 무엇일까? 어느 국가가 이길 것이냐고? 의미 없는 질문이다.[2]

---

2) A국 국민들의 불만이 아무리 심각한들 대표자의 교체에 그칠 뿐이다. 그에 반해 상대적 가능성이 낮기는 하지만 만약 B국 인민들의 분노가 폭발한다면 국체가 뒤집어질 것이다. ― 카다피가 그렇게 될 것이라고는 아무도 예상하지 못했다. 그의 집권 기간 내내 리비아는 꾸준한 성장세를 보여 왔으며 일반 국민들의 생활수준은 아프리카 내 선두에 해당했다. 그럼에도 예상치 못한 외부요인인 애그플레이션에 의한 '아랍의 봄'이라는 돌발상황에 의해 말 그대로 한방에 무너졌다. 게다가 A국은 언제 어디서든 그러한 외부요인을 의도적으로 조성할 수 있는 역량을 보유하고 있으며 실사례에 대해서는 뒤에서 다시 얘기하겠다.

보충 2. 1848 혁명

 혁명이라고 하면 대부분의 사람들은 프랑스혁명과 러시아혁명을 떠올릴 것이다. 다수 민중들의 참여와 희생에 의한 정치체제의 대변환이었기 때문이다. 1789년과 1917년을 포함한 대부분의 혁명이 발발하는 원인과 지향하는 목표는 무엇인가? 경제 파탄에 대하여 기득권층에 책임을 묻고 대책을 요구하는 민중의 대규모 항거가 시발점인 경우가 다수이다. 또한 정치체제의 변환이라는 수단을 통한 경제상황 개선으로 삶의 질을 향상시키는 것이 혁명의 궁극적 목표라고 보아야 한다. 특정한 역사 사건에 대한 평가는 이전에 비해 얼마나 많은 사람들의 삶을 변화시켰느냐에 의해 행해져야 한다고 했다. 1848 혁명은 실패한 혁명이라는 평가가 일반적이다. 수단에 해당하는 정치체제의 변환이라는 기준에서 본다면 실패가 맞을 것이다. 하지만 궁극적 목표인 일반 민중들의 삶의 변화라는 관점에서 고찰한다면 얘기가 달라진다.
 빈 회의에[1] 의해 왕족과 귀족이 기득권으로 복귀하기는 했지만 프랑스의 뒤를 좇아 근대국가로 변화한 유럽은 영국의 산업혁명도

---

[1] 나폴레옹 전쟁 승전국들이 전후 질서 재편을 논의하기 위해 오스트리아 빈에서 개최한 회의. 전쟁 이전과 비교하여 다소간의 변동은 있었지만 결과는 본질적으로 구체제(앙시엥 레짐)로의 복귀였다.

본격적으로 모방하기 시작한다. 당연히 초기자본주의에서 나타나는 극심한 착취 형태도 그대로 이어받는다. 물론 산업혁명을 시작했다고는 하지만 아직 주력산업은 농업이었으며 농민들에 대한 착취 정도도 이전과 다를 바 없었다. 사회 전반에 걸쳐 착취가 지속되던 중 흉작이라는 공통된 악재로 인하여 여러 나라에서 거의 동시에 봉기가 일어나고 대부분의 국가에서 구체제가 전복되었다. 지배층들은 루이 16세의 전철을 피하기 위해 모든 것을 포기하고 국외로 도피한다. 하지만 이미 기득권층에 편입된 부르주아와 사회주의 사상에 공감하는 일반 대중 사이의 분열로 인해 혁명은 결국 실패(?)하게 된다.[2] 이로 인해 기존 지배층들이 복귀하지만 1789년과 1848년 두 번에 걸쳐 크게 혼이 난 이들은 또다시 그러한 사태가 반복되지 않을 것이라 확신할 수 없었다.[3] 이러한 위기의식에 의해 민중들에게 일부 양보 조치를 시행하는 등 착취 정도를 완화하게 된다. 독일과 오스트리아에서 농노제가 (실질적으로) 폐지되는 것을 포함해 다

---

[2] 프랑스혁명의 성공 요인 중 하나는 왕과 귀족에 맞선 부르주아와 프롤레타리아의 연합이었다. 1848 혁명도 초기에는 구체제 복귀로 인해 신분 상승의 기회가 사라진 부르주아들과 경제적 곤궁에 처한 일반 대중의 연합에 의해 성공 직전에 이르렀다. 하지만 이즈음 진보된 사회주의 사상에 공감한 대중들이 신분제 철폐를 넘어서 부르주아에게도 기득권을 내려놓을 것을 주장하자 이들이 혁명대열에서 이탈 배신한 것이 실패(?)의 핵심 원인이다. (에릭 홉스봄, 『자본의 시대』, 정도영 역, 한길사, 2018, p. 111, 119.)

[3] 빈 회의에 의해 복귀한 지배층에게 1789년은 역사의 정도를 벗어난 일탈에 불과했으며 앙시앵 레짐은 다시는 무너지지 않을 것이라 여겨졌다. 하지만 1848년은 그러한 착각을 산산조각 내었고 반복 가능성에 대한 두려움에 의해 민중에 양보할 수밖에 없었다.

른 왕정에서도 기존의 세금을 포함한 각종 봉건적 악습을 폐지 혹은 완화하여 일반 민중들의 삶의 질이 크게 나아진다. 삶의 여건 개선은 안정적 노동력 공급과 질적 노동생산성 향상으로 이어지고 산업혁명과 결합되어 생산량 확대로 이어진다. 특히 공산주의 원조인 독일의 경우 노동자들이 좌파사상에 경도되는 것을 막기 위해 비스마르크가 (보충 2-1. 베른슈타인) 사회복지제도를 도입한 것이[4] 더해져서 노동의 질적 수준이 크게 향상된다. 물론 이 시기 미국과 독일에서 노동생산성을 향상시킨 직접적 요인은 기술교육을 위한 학교설립과 (관련된) 제도 마련이었다. 따라서 복지보다는 교육의 영향이 결정적이었다고 생각할 수도 있다. 하지만 복지가 뒷받침되어야 효율적 교육이 이루어진다. 당장의 먹고사는 게 힘든 상황에서는 교육은 우선순위에서 밀려난다. **교육과 복지의 결합이 인적 자본 개발의 핵심 요소였다.** 미국은 광활한 토지와 막대한 자원이 복지를 대신했다고 할 수 있다.

알려져 있듯이 19세기 후반은 미국과 독일이 전기 화학 석유 철강 의약 등의 2차 산업 혁명에서 큰 성과를 보임으로써 생산력에 있어 영국을 추월하게 되는 시기이다. 이러한 중화학 분야는 소수의 뛰어난 과학자와 기술자의 발명과 기술개발로 시작하게 되지만 실제 산업으로서의 성과를 이루기 위해서는 이전과는 다른 고도의 시스템이며 대규모인 장치 설비를 운용할 수 있는 질적으로 우월한 다

---

[4] 물론 1848년과 복지제도 도입 시기는 30여 년 이상의 시간차가 있다. 하지만 1848년을 계기로 좌파의 영향력이 꾸준히 증대되어 이 시기에 절정에 이르렀기에 대책이 요구된 것이다.

수 노동력이 뒷받침되어야 한다. 이 시기 독일이 비약적 성과를 이룰 수 있었던 핵심 요인이다.

1848 혁명 후 지배층은 자신들의 안정적 기득권 유지를 위한 이기심에 의해 민중에 양보했지만 그것은 노동력의 질적 향상을 통한 생산력 증대라는 성과로 나타났고 당연히 기득권층에 돌아가는 몫도 늘어났다. 초기자본주의는 직접적 착취에만 몰두함으로써 착취자와 피착취자 간의 갈등과 긴장 증대로 위기를 맞이하였지만 1848년을 계기로 한 단계 진보된 자본주의로 변화한다. 자본주의 패러다임의 전환을 이루어 낸 것이다.[5] 따라서 1848년은 절대 실패한 해가 아니다. 1688년과 1789년의 성과에 결코 뒤지지 않는다.

---

[5] 이후에도 두 번의 커다란 전환이 이루어진다. 케인스에 의한 수정자본주의와 오일쇼크에 의한 신자유주의이다. 다만 신자유주의는 발전이 아니라 초기자본주의의 속성인 착취 극대화로의 퇴보이다.

보충 2-1. 베른슈타인

19세기 후반 독일 발전의 핵심 요소는 교육과 복지의 결합이라고 앞서 얘기했다. 독일 정부의 교육에 대한 투자는 산업계가 대량의 '글을 읽을 수 있는 노동자'를 고용할 수 있게 했고 경쟁국인 영국 노동자에 대한 우위를 통해 산업성과로 이어진다. 그렇지만 한편으로는 독해력을 통해 지적 능력이 향상된 노동자들의 사회주의 사상 공감이라는 의도치 않은 결과도 가져왔다. 대규모 생산시설에서 같은 시간에 같이 노동하는 환경 역시 연대의식 고취와 조직 구성에 도움이 되는 것도 당연하다.

마르크스 카우츠키 룩셈부르크로 대표되는 정통공산주의가 가장 발달하고 영향력이 큰 곳이 독일이었으며 만약 공산혁명이 발발한다면 그 시초는 당연히 독일이라는 것에 좌우를 막론하고 공감했다. 그런데 이처럼 서슬 퍼런 공산주의 사상이 압도하는 와중에 자본주의의 성과라는 현실 인식을 바탕으로 노동자 이익을 대변하고자 하는 새로운 이념이 나타난다. 베른슈타인은 비록 자본가가 노동자를 착취하고 있는 현실을 부정하지는 않았지만 그러한 착취체제인 자본주의하에서도 노동자의 삶의 질과 여건이 계속 향상되고 있음을 인정한다. 명확한 현실 인식을 바탕으로 하여 모두를 파국으로 몰고 갈 수 있는 물리적 폭력에 의한 혁명이 아니라 선거라는 민주적 절차에 의해 노동자의 이익을 증대하고자 하는 사회민주주의 이념을 마련한다. 기존 교조적 공산주의 사상에 회의를 느끼던 많은 좌파들이 공감하며 방향을 수정하여 사회민주당의 노선변경으로 이어졌고 오늘날까지 계승되며 훌륭한 성과를 보여 왔다.

러시아혁명은 1989년까지 장기적 관점에서 봤을 때 오류에 기초한 정치체제와 경제제도로 인해 해당국인 소련과 추종국가들에 악영향을 끼치고 결국 몰락했다. 그에 더해 세계 곳곳에서의 이념대립에 의한 수많은 갈등 대립 분쟁 전쟁을 야기하여 막대한 희생과 불필요한 낭비를 초래했다. 만약 독일에서 공산혁명이 성공했다면 다른 서유럽으로도 확대되었을 것이며 러시아와는 비교도 되지 않을 정도의 영향력을 감안한다면 이후 전 세계에 미쳤을 폐해는 상상하기도 어려울 정도이다.

비스마르크의 우에서 좌로의 현실 양보와 베른슈타인의 좌에서 우로의 이념 수정이 정합성을 이룬 결과는 독일을 공산혁명이라는 망상에서 구해 낸 것 이상의 세계사적 의의를 가진다.

보충 3. 통화량(상징)과 생산량(실재)

 인류사 가장 큰 재앙은 당연히 1·2차 세계대전이다.[1] 대규모 역사적 사건들은 모두 중층결정의 결과물이지만 그럼에도 주요한 핵심 요인은 분명히 있다. 많은 학자들이 1차대전의 주요 원인으로 두 가지를 거론한다. 영국과 독일 간의 제국주의 패권경쟁과 발칸반도에서의 오스트리아-헝가리 제국과 러시아 제국 간의 대립이[2] 그것

---

1) 19세기 자본주의하의 착취심화에 대한 지적 반응은 크게 두 가지로 나타난다. 하나는 상황을 뒤집고자 하는 마르크시즘이었고 하나는 이러한 착취에 의한 불평등이 오히려 자연스럽고 당연하다는 니체의 주장이었다. 하지만 실제 역사에서 착취의 심화로 인해 모두가 공멸한 사례는 허다하다. 착취를 정당화시키는 그의 이론은 제국주의 논리를 뒷받침하는 사상적 근거를 이루었으며 그 결과는 역시 세계대전이라는 파멸이었다. 주인과 노예가 구분된다면(프리드리히 니체, 『도덕의 계보』, 1889.) 주인끼리도 역시 구분될 수 있다. 주인의 주인 자리를 놓고서 벌어진 대결의 결과물이 1차대전이었고 히틀러 역시 니체 신봉자였다.

2) 1차대전 설명에 있어 많은 역사서들이 독일이 3제동맹을 유지하시 못한 것을 결정적 요인으로 거론한다. 오스만 제국의 쇠퇴에 따라 중동부유럽에 대한 영향력을 확대하려는 의도는 오-헝 제국과 러시아 제국의 공통된 야욕이었다. 상충할 수밖에 없는 이해관계였지만 3제동맹 체결시기에는 오스만의 힘이 살아 있었기 때문에 공동의 적을 견제하고자 합스부르크가와 로마노프가 사이의 연합이 가능할 수 있었다. 하지만 1877년 오스만-러시아 전쟁에서 러시아의 결정적 승리로 중동부유럽에서의 우위를 가져가자 오-헝 제국과 러시아 제국 사이의 대립에 의한 3제동맹 파기는 필연이었다.

이다. 하지만 오스만 쇠퇴를 계기로 중동부지역에 대한 영향력 확대를 추구해 온 합스부르크가와 로마노프가 사이의 대립은 크림전쟁 이후 상당 기간 이어져 온 갈등이었으며 그 자체만으로는 세계대전으로까지 확대될 정도는 아니었다. 가장 결정적 요인은 역시 기존 패권국인 영국과 도전자인 독일 간의 경쟁으로 인한 갈등과 충돌이다. 그렇다면 왜 해당 시기에 제국주의 경쟁이 심화되었는가?

19세기 후반 2차 산업혁명으로 1차 산업혁명의 성과를 넘어서는 폭발적인 생산력 증대를 이루어 낸다. 농업을 포함한 모든 산업이 수 배에서 수십 배에 이르는 성장지표를 보였다. 운송과 통신에서의 기술 발달이 뒷받침된 덕분에 무역량 투자량 역시 그만큼의 증가세였다. 모든 분야에서 말 그대로 폭발적 성장세를 보였다. 하지만 그러한 생산량 거래량의 확대를 뒷받침해야 할 가장 중요한 품목이 정체 상태였다.

국가 간 거래의 필수요소는 신뢰성이 보장되는 결재수단이다. 그

피할 수 없는 양자택일의 상황에 처한 독일의 선택은 오스트리아였다. 지금 기준에서 독일은 하나의 강고한 단일국가처럼 보이지만 당시는 통일된 지 10여 년밖에 지나지 않은 여러 연방의 조합이었다. 하노버 지역은 오랫동안 영국령이었으며 작센은 나폴레옹의 도움으로 선제후국에서 왕국으로 승격했기에 나름 믿을 수 있는 프랑스의 동맹이기도 했었고 그 외 서부지역도 프랑스와의 경제적 이해관계가 깊었기에 상황에 따라 이들이 언제든 프랑스 편으로 돌아설 가능성이 있었다. 이러한 상황에서 비슷한 처지의 연방국가인 오-헝 제국이 무너지는 것은 아직까지는 완전히 신뢰할 수 없는 서부독일지역에 악영향을 미칠 수 있었다. 따라서 러시아에 비해 상대적 약체세력임에도 독일은 오스트리아를 품을 수밖에 없었고 이러한 틈을 파고든 프랑스가 러시아와 동맹을 체결하게 된 것이 1차대전의 밑거름으로 작용하게 된다.

렇지만 자국 국민들에게도 믿음을 주지 못하는 각국의 불환지폐를 상대국이 인정할 수 없음은 당연했다. 따라서 인류사 이래 가장 확실한 지불수단이었던 금에 근거하는 금본위제 도입은 필연이었다. 하지만 해당 시기의 금 공급량이 경제성장을 따라잡지 못함으로써 [3] 20여 년 동안 디플레이션[4] 상태인 대불황으로 이어졌다. 대불황의 시발점은 오스트리아의 증시붕괴였지만[5] 피해가 가장 크게 나

---

3) 1850년대부터 20여 년간의 경제성장을 뒷받침한 중요 요인은 1848년 캘리포니아 1851년 호주에서의 대규모 금광발견이다. 하지만 이후의 금 공급량이 경제성장을 따라잡지 못함으로써 디플레이션으로 이어졌다. 1886년의 남아프리카 금광개발과 대불황에서의 탈출 시기가 비슷하게 나타나는 것은 우연이 아니다. (에릭 홉스봄, 『자본의 시대』, 정도영 역, 한길사, 2018, p. 137.; 리처드 오버리, 『더 타임스 세계사』, 왕수민 외 역, 예경, 2016, p. 272.)

4) PY=VM이다. 생산량(Y)이 증가할 때 통화량(M)이 불변이라면 가격(P)은 내려간다. 디플레이션이 시작되는 것이다. 만약 생산량만큼 통화량이 비례적으로 증가했다면 디플레이션은 없었을 것이다. 디플레이션은 명목 변수인 가격의 변동에 불과하며 실질 생산성이나 구매력과는 상관없다. 생산자는 (명목) 수익 하락에 대응하여 인건비를 포함하는 (명목) 비용 절감으로 반응한다. 문제는 명목 인건비 절감 대상인 대부분의 가계는 재화의 가격 하락으로 인해 실질 구매력은 변화 없지만(물론 시간차에 의한 영향은 있다) 이를 이해하지 못하여 실질 소득 하락으로 여겨서 소비를 줄인다. 또한 명목 지수와 실질 지수를 구분할지라도 예상되는 가격 하락에 의해 (필수재가 아닌 재화에 대한) 소비를 연기하기도 한다. 여하튼 소비 감소는 생산 감소-고용 감소-소득 감소-소비 감소라는 악순환으로 이어져 불황을 심화시킨다.

5) 대불황의 시작점인 1873년 빈 주식시장의 붕괴와 역시 대공황의 시작인 1923년 뉴욕 증시 대폭락의 이유는 무엇인가? 디플레이션에 의한 실물분야의 침체로 인해 자본은 대안인 증시로 편중되었다. 쏠림현상은 가속화되어 연쇄적인 주가상승으로 이어지지만 증시는 본질적으로 실물경제에 대

타난 곳은 얼마 전 영국의 생산력을 추월한 제조업 강국 독일이었다. 디플레이션에 의한 수요부족이 초래한 과잉공급과 자본시장거품으로 심각한 위기상황이었다.[6] 반면 해협 건너편의 영국은 상대적으로 피해 정도가 덜했으며 독일에 생산력을 추월당하기는 했지만 전체 부는 여전히 훨씬 우위였다. 전 세계에 퍼져 있는 식민지 네트워크를 통한 무역과 금융에서의 이윤 창출 덕분이었다.[7] 값싼 원자재에 더해 인도로 대표되는 막대한 독점시장이 과잉생산의 탈출구 역할을 했으며 현지 식민지투자로 벌어들이는 자본이익 역시 상당했다. 자신(독일인)들은 머리 아프게 개발하고 힘들게 노동해서 부를 쌓아 가는 데 반해 영국인들은 식민지 투자와 상업으로 손쉽게 이윤을 올리는 모습을 본 독일인들이 동일한 길을 따라가려는 욕구를 가지는 것은 자연스럽다. 얼마 전 남북전쟁에 의한 면화 공급 부족으로 라인지역의 방직공장들이 무너지고 항구의 크레인들이 멈출 때[8] 해협 건너편에서는 제3의 대안인 식민지를 통해 위기를 상당 부분 상쇄시키는 모습을 목격한 독일인들이 식민지의 필요성을 절절히 느꼈으리라는 것 역시 설명할 필요가 없다. 대항해 시대 이후

한 반영이다. 실물경제가 뒷받침되지 못한 투기시장이 결국 버블 붕괴로 귀결된 것이다.
6) 마틴 키친, 『케임브리지 독일사』, 유정희 역, 시공사, 2001, p. 237.
7) 최고점에서는 국제 투자와 선단의 절반을 영국이 차지하고 있었다. 독일이 제조업에서 2차 산업혁명을 일으킬 때 영악한 영국 자본가들은 아예 3차 산업으로 갈아탄 것이다. 독일과 미국에 비해 영국이 상대적으로 기술교육에 소홀했던 이유이기도 하다. 무역과 금융은 다수 노동력보다는 소수의 전문인력에 의존하기 때문이다.
8) 조이스 애플비, 『가차없는 자본주의』, 주경철 외 역, 까치, 2012, p. 261.

유럽 열강들의 식민지 개척은 꾸준히 이어져 왔지만 본격적인 제국주의 쟁탈전이 시작된 시기가 대불황의 한가운데인 1880년대였다는 것에 주목해야 한다. 예전 같으면 이러한 불황에 대응하여 자본은 노동자 농민에 대한 착취율 증대로 수익을 보전하고자 했겠지만 1848 혁명의 교훈을 잊지 않았던 각국의 기득권층은 다른 방법을 구하게 된다. 피착취대상을 국외에서 찾는 제국주의를 대안으로 한 것이다.[9] 하지만 피식민지는 한정되어 있었기 때문에 당연히 선발국가인 영국 프랑스와의 긴장 갈등 대립 대결로 이어진다. 남아프리카의 금광개발에 힘입어 1890년대에 유럽은 디플레이션에서 탈출하게 되었지만 상대적으로 대불황의 피해가 가장 작았던 영국이 금광 소유권까지 가지고 있었기에 큰 이익을 거두었고 이를 지켜본 독일은 팽창욕구를 가속화시킨다. 산업계 금융계의 이윤추구에 황제와 군부의 정치적 야욕이[10] 결합되었고 이들이 각종 이익단체들을 조직하여 로비와 여론선동에 나섬으로써 제국주의 실현은 국가적 과제로 자리 잡게 된다. 경제적 이해관계로 시작된 식민지 획득 욕구가 정치적 국가적 사안으로 확대된 것이다. 그리고 그 결과는 수천만 명의 사상자라는 공멸이었다.

---

9) 아프리카의 일부 지역을 획득하는 등 소규모 성과를 보였지만 이미 핵심이익 지역은 기존 선발국가인 영국 프랑스의 차지였고 독일이 얻은 몫은 비용 대비 효과가 미미했다. 식민지의 경제적 효과가 보잘 것 없었다는 일부 주장은 이 당시 독일을 포함하는 후발주자들의 상황에 근거한 것이다.
10) 지도자의 정치적 야욕과 패권추구는 시대와 장소에 상관없이 어떤 형태로든 존재해 왔지만 이 시기에 본격화될 수 있었던 것은 역시 경제적 이해관계가 결합된 덕분이다.

만약 생산력 증대에 대응하여 통화량이 비례적으로 증가했다면[11] 대불황이 아닌 안정적 성장으로 이어졌을 것이다. 경제가 안정적이라면 대중은 물론이고 기득권층 역시 전쟁에 부정적인 것이 당연하다. 대불황이 없었더라도 원자재 공급처와 상품시장 확보를 위한 제국주의 경쟁은 필연이었겠지만 이전 영국과 프랑스 사이의 대결처럼 해상과 식민지 현지에서의 국지전 정도에 그쳤을 것이다. 전체 국민의 지지와 참여를 필수로 하는 총력전 전면전으로까지 비화된 결정적 이유는 역시 (디플레이션으로 인한) 경제적 어려움이었다. 디플레이션이 1,500만 명을 죽였다고 말한다면 명백한 과장 혹은 논리적 비약이다. 하지만 디플레이션이 없었다면 그 희생의 상당 부분은 줄어들었을 것이다.

1차대전을 넘어서는 비극은 당연히 2차대전이다. 2차대전에 관한 수많은 담론 중 사학자를 포함한 많은 지성인들을 곤혹하게 만든 공통된 주제가 하나 있다. 최고의 지성과 합리성을 갖춘 독일인들이 도대체 왜 기형적 이단에 해당하는 히틀러라는 파시즘을 스스로 선택했느냐는 것이다.[12] "배가 고프면 정신이 흐려진다."라는 영화 대사를 본문에서 언급했었다. "배고픔에는 장사 없다."라는 속담도 있

---

11) 하지만 당시 상황에서 금본위제 외의 대안을 찾기는 현실적으로 불가능했다.
12) 1933년 선거에서 정치적 공작과 물리적 탄압이 더해지긴 했지만 나치당이 획득한 44.5%의 득표율은 당시까지 역대선거에서 기록한 최고득표율이었다.

다. '배고픈 민주주의는 포퓰리즘이나 종교원리주의로 귀결된다.'에 해당하는 실사례들은 허다하다.

1차대전의 배상금 문제가 야기한 초인플레이션에 의해 오랫동안의 경제적 파국하에 있던 독일은 1923년 렌텐마르크라는[13] 획기적 조치에 의해 초인플레이션을 잠재울 수 있었다. 이어진 24년 도즈안(Dawes Plan)에 의해 배상금 재조정이 가능해졌으며 25년의 로카르노 협약으로 대표되는 각종 국제조약에 의해 정치 외교적 안정까지 더해지자 미국의 차관과 민간투자가 독일에 집중되었고 독일 경제를 다시 부흥시키는 데 결정적 기여를 한다. 다른 유럽 승전국들의 반대에도 불구하고 아직까지는 의심스러운 전범국 독일에 대해 미국 정부가 차관을 집행하고 민간투자를 승인한 배경이 있다. 1차대전의 여파는 당연히 전 유럽에 해당했지만 패전국인 독일과 과거 오-헝 제국에 해당했던 중동부 유럽에 특히 심각했다. 이러한 상황을 이용해 세력을 키우고 있었던 것은 제3인터내셔널로 대표되는 국제 공산당 운동이었다. 사회민주주의 성격을 강조했던 제2인터내셔널과 달리 폭력혁명을 전면에 내세웠으며 적백내전의 혼란을 수습함으로써 어느 정도 안정을 이룬 소련의 지원이 더해져 국가 간 연대와 조직이 더욱 긴밀해졌다. 당시 중동부 국가들의 경제는 독일

---

13) 기존 마르크와의 결정적 차이는 토지와 공장 등 실물 자산을 담보로 발행되었다는 점이다. 실물 자산은 한도가 존재하므로 렌텐마르크의 발행량 역시 제한되었기에 신용을 회복할 수 있었고 살인적인 초인플레이션을 잠재울 수 있었다. 실재에 대응하는 상징만이 의미를 가질 수 있다는 경제적 사례에 해당한다(보드리야르는 가상의 세계는 현실 세계를 반영하고 상호작용해야만 의미가 있다고 얘기했다).

과의 무역에 대한 의존도가 상당했다. 만약 독일 경제가 무너진다면 중동부국가들도 뒤따를 것이고 그러한 파국을 이용한 공산혁명의 가능성도 높아질 것이었다. 미국의 독일에 대한 지원은 시기적절한 조치였고 상당 기간 효과를 보인다. 하지만 이러한 희망과 안정의 상황을 완전히 파국으로 뒤바꿔 놓은 사건이 발생한다.

1차대전의 폐해로부터 자유로웠던 미국의 경제발전이 가속화되었고 압도적 1위의 공업대국답게 생산량이 폭발적으로 늘어났다. 20년대의 미국만큼 번영과 발전이라는 단어가 어울리는 실사례는 없다. 하지만 앞서 언급했던 가장 중요한 경제원리 중 하나인 PY=VM을 상기하자. 생산량(Y)이 증가할 때 통화량(M)이 불변이라면 가격(P)은 내려간다. 디플레이션이 시작되는 것이다. 1차대전 중 전비 충족을 위하여 각국은 금본위제를 폐지했지만 전후 다시 국제무역을 위해 금본위제로 복귀한 상태였다. 금본위제로 인해 통화량 확대에 한계가 있었을 뿐 아니라 당시는 통화정책에 대한 이해도와 기술적 완성도가 미흡한 상태였다. 그에 더해 균형재정을 목표로 한 미국 정부의 재정 축소, 주식시장 과열에 대한 방안으로 연준의 긴축적 통화정책과 고금리 유지[14], 뱅크런에 의한 민간은행의 연이은 파산까지 더해지면서 통화량 부족이 심화된다. 결국 미국 디플레이션의 심화가[15] 세계적 대공황으로 확대되었다. 그동안 독일에 투자되었던 미국 자본이 연쇄적으로 이탈한 것에 더해 각국의 보호무역조치

---

14) 베리 아이켄그린, 『황금족쇄』, 박복영 역, 미지북스, 2016, p. 354, 357.
15) 디플레이션에 의한 생산 감소, 생산부문에 대한 투자 감소, 생산(실물)부문에 대한 투자대안으로 자본의 증시 집중, 거품 붕괴로 이어졌다.

에 의해 수출길마저 막힌 독일경제는 파탄에 이르렀다. 결국 **경제적 어려움에 의해 이성적 판단이 흐려진 대중들을 대상으로 선전선동에 성공한 파시스트들이 집권하게 된다.** 아이러니한 것은 경제파탄으로 인한 공산혁명의 가능성을 우려했던 타국 정부와 독일 내 기득권층 상당수가 공산당탄압과 소멸을 내세운 히틀러의 등장을 반겼다는 점이다. 초록은 동색이라고 했던가? 제국주의 자본가들에게 파시스트들은 그나마 차악에 해당했던 것이다.[16] 하지만 알다시피 히틀러는 집권에만 만족한 것이 아니었고 선전선동의 성과를 확대하여 국민들을 세뇌시킨 후 독일 국민을 포함한 전 세계 모두를 파멸시키는 역사상 최고 최대의 재앙으로 몰고 갔다.

역사를 학습하는 가장 큰 목적은 동일한 실수를 반복하지 않기 위해서이다. 생산량(실재)과 통화량(상징)의 비례는 경제문제 이상이다.[17][18]

---

[16] 제국주의는 인종 간 우열을 전제로 착취를 정당화하며 파시즘은 민족 간 우열을 전제로 지배를 정당화한다. 인종과 민족이 지칭하는 바는 사실상 동일하다. 두 개의 머리가 하나의 몸통을 공유하는 신화 속 괴물인 오르토스가 환생한 것이 제국주의와 파시즘이다. 다만 신화 속에서는 둘 다 죽임을 당하지만 현실에서는 하나의 머리가 살아남아 껍데기를 벗어던지고 우화하여 지금도 여전히 우리 머리 위를 배회하고 있다.

17) 일반인들에게는 케인즈 주의에 입각한 뉴딜정책으로 대공황을 극복했다는 것이 상식처럼 여겨진다. 하지만 실제 뉴딜정책이 끼친 효과는 미미했으며(정부와 언론의 홍보 효과에 불과했다는 의견부터 그래도 당시 살려놓은 한계기업들이 전시생산력을 뒷받침했다는 주장까지 많은 이견이 존재한다) 2차대전에 의한 전시수요가 대공황에서 벗어날 수 있었던 핵심 요인이었다는 것이 대부분의 전문가가 인정하는 사실이다. 그런데 '전시수요에 의해 대공황에서 탈출할 수 있었다'는 표현에는 중간 과정이 다소 생략되어 있다. 자세히 언급하면 전시수요를 충족시키기 위해 정부가 통화량을 확대했고 이를 정부가 직접 전시수요에 지출하여(유효수요를 창출하여) 과잉공급을 해소함으로써 대공황을 벗어날 수 있었던 것이다. ― 통화량은 대공황이 시작된 29년부터 감소하다가 전쟁이 시작된 39년에야 29년도의 수치를 회복했으며 불과 6년 후인 45년도에는 39년도 대비 250%로 상승한다. 총 GDP는 29년의 수치를 40년에 회복했으며 45년에는 40년 대비 220%에 도달한다. 요컨대 공황 탈출의 직접적 요인은 통화량 증대였다.

18) 이번 장의 내용이 이전의 3장 보충 1의 통화정책과 배치되는 것 아니냐고 반문할 수 있겠지만 이전 내용은 인위적 경기부양을 위해 실질성장량을 초과하여 통화를 확대하는 경우(대응하는 실재를 초과하여 상징을 부풀리는 경우)에 관한 내용이고 지금의 내용은 실질 성장량만큼 필수적으로 동반되어야 하는 경우에 관한 언급이다. 물론 실재와 상징을 계량화하여 비교하는 것은 (실제 작업에서는 순환논리에 봉착하게 된다. 실재를 계량화하기 위한 수단은 상징이기에 결국 상징과 상징의 비교에 이르기 때문이다.) 인간의 지적 작업 중 가장 난이도 높은 경우 중의 하나일 것이다. 경제학자와 경제관료에 의해 행해지는 과업의 막중함과 지난함은 아무리 강조해도 지나치지 않다.

보충 4. 미국·아르헨티나

　19세기까지 일반인들이 다른 대륙으로 이주한다는 것은 사실상 자신의 고향으로 다시 돌아가지 못함을 뜻했다. 그럼에도 과감히 이민을 택한 사람들은 타고난 회귀본능을 거스르는 진취적 성향의 소유자들임에 틀림없다. 지금처럼 당시에도 미국은 자원대국이었다. 그에 더해 진정한 의미의 공화주의 체제하에서 시작된 국가이다. 이상적 체제하에서 풍부한 자원을 바탕으로 진취적인 국민들이 노력하는 국가의 발전은 필연적이다. 미국이 세계 1위인 이유이다. 현재의 국경선이[1] 세계적 차원에서 유지되는 한 미국이 선두자리에서 내려오는 일은 없을 것이다.

　자원이 풍부한 땅으로 진취적 유럽인들이 이주한 경우가 한 곳 더 있다. 아르헨티나이다. 미국과 아르헨티나는 독립 이후 전체 역사의 거의 절반에 해당하는 100여 년 이상 동일한 과정을 거친다. 독립 - 연방제 성립 - 원주민 탄압과 학살을 통한 영역확대 - 지역 간 이해충돌로 인한 내전 - 내전 종식 후 비약적 발전 - 발전에 따르는

---

[1] 국토면적에서 러시아와 캐나다가 앞서기는 한다. 하지만 주로 기후와 연관되어 야외 노동과 주거에 무리가 없는 지역을 의미하는 가용 생활권 혹은 생활 안정권의 관점에서도 역시 미국이 1위이다.

불평등 심화 - 불평등을 해소하려는 시도. 하지만 지금의 미국과 아르헨티나를 비교하는 것은 민망한 수준이다. 두 국가의 운명을 가른 결정적인 분기점과 성패의 요인은 무엇인가?

남북전쟁 이후 미국은 본격적인 산업화에 의해 영국을 넘어서는 세계 제1의 생산력을 달성한다. 하지만 성장에 따른 불평등 심화도 증대된다. 이 시기 강도귀족이라 불리는 미국 자본가들의 행태는 유럽의 초기 자본주의에서 보이는 착취 형태를 아득히 넘어섰다. 유럽에서 좌파나 노동자들에 대한 탄압은 대부분 정부의 공권력 행사라는 형태로 이루어졌고 또한 자본가들의 영향력이 커지기는 했지만 기존 기득권층인 왕 귀족 대지주로부터 견제를 받기도 했었다. 하지만 미국의 강도귀족들은 정치인(입법부) 공무원(행정부) 판사(사법부) 등 모두를 돈으로 매수하여 자신들의 하수인으로 거느렸으며 용역깡패에 해당하는 자경단을 조직하여 시위현장의 노동자들에게 발포 살해하고 노조지도자에 대한 암살 등을 일삼는다. 또한 독점에 의한 지대를 최대화하고자 경쟁업체들을 수단과 방법을 가리지 않고 합병 인수했으며 반대할 경우 가격담합의 방법 등으로 파산시키거나 그마저도 여의치 않을 경우 경쟁자를 물리적으로 제거하기도 했다. 그리고 위의 하수인들을 통해 합법화하거나 은폐했다. 그 결과 강도귀족들은 과거의 절대군주에 버금가는 화려한 물질적 향유를 누렸고 그에 비례하여 일반 노동자들의 삶은 피폐해져 갔다. 극심한 불평등 상황하에서 더 이상 이러한 행태를 두고 볼 수 없었던 유능하고 정력적인 지도자가 나타난다. 시어도어 루스벨트는 평등과 복지를 목표로 하는 뉴내셔널리즘을 이론적 기반으로 삼고[2] 얼마 전 제정되었던 반독점법을 구체적 수단으로 하여 강도귀족들에게 철퇴를 내렸고 그들의 트러스트를 산산이 와해시킨다.[3][4] 독점완화를 통한[5] 시장질서 회복, 불평등 감소, 복지 증대 등이 어우러져 안정적 생산력 증대로 이어졌으며 그 결과로 압도적 세계 1위의 강대국으로 올라서고 지금까지 계속된다.

미국과 동일하게 아르헨티나도 내전 종식 후 번영기를 맞이한다. 19세기 후반 운송 (통신 금융) 기술의 발달에 의해 유럽지역으로의

---

2) 그렇다고 루스벨트를 좌파로 생각해서는 안 된다. 노조운동이 공익과 사회 안정에 반하는 집단이기주의의 형태로 나타날 경우 단호히 대처했으며 국제관계에서는 미국 이익을 우선으로 하는 제국주의 정책을 추진했다. 지금까지 이어지는 미 패권주의의 시발점이었다. 인종주의자이기도 했으며 특히 우리나라와 관련해서는 '카스라 태프트 밀약'이라는 악연이 있다.
3) 이어지는 태프트와 윌슨도 지속함으로써 성과를 확대시킨다. 후계자인 태프트는 말할 것도 없고 상대당인 민주당 출신의 윌슨까지 독점 트러스트 와해에 전력했다는 사실이 강도귀족들의 폐해가 얼마나 심각했는지를 알려 준다.
4) 현재 우리나라 정치인 공무원 언론 등 모두가 최고재벌인 삼성의 눈치를 보는 정도가 어떠한지는 다들 알고 있을 것이다. 총수인 이재용의 재산은 10조 이상이라고 하며 우리나라 1년 예산은 650조 정도이다. 약 2%에 해당한다. 반면 1902년 미 정부 예산은 5억 달러 정도였는데 당시 카네기가 모건한테 받은 US 철강의 인수대금은 4억 8천만 달러였고 가장 부자였던 록펠러의 재산은 10억 달러에 달했다고 한다. 강도귀족들의 영향력을 짐작할 수 있다. 이런 상황에서는 테디(T. 루스벨트)가 이들을 때려잡는 것보다 그 반대의 가능성이 훨씬 높은 것이 사실이다. 테디가 암살당하지 않은 것이 신기할 따름이다. 불굴의 열정과 추진력에 의한 대단한 업적이다.
5) 만약 프리드먼의 주장처럼 정부의 불간섭과 규제철폐가 행해졌다면 트러스트는 더욱 공고화되었을 것이고 현재의 미국 경제 상황은 남미 국가들과 유사한 형태를 가졌을 것이다.

1차 산품 수출이 본격화되었고 이후 양차 대전 동안 중립을 유지함으로써 전쟁의 폐해로부터 벗어나 있는 상황에서 참전국들에 대한 수출 증대로 부를 축적한다. 그렇지만 그 몫은 역시 지주층으로 대표되는 기득권층에게 편중된다. 당시 기준으로 세계 5위권의 선진국이었지만 오히려 빈곤율이 증가하는 역설적인 상황이 나타난다. 아르헨티나의 T. 루스벨트는 후안 페론이었다. 복지확충과 근로조건 개선 등으로 대다수 국민들의 삶의 질 향상에 나선다. 하지만 이러한 정책은 당연히 기득권층의 불만을 불러왔고 이들과 야합한 군부의 쿠데타에 의해 페론은 물러나게 되고 아르헨티나의 불평등 해소는 실패한다. 아르헨티나는 페론 때문에 몰락한 것이 아니라 페론이 실패했기 때문에 몰락한 것이다. T. 루스벨트의 성공과 페론의 실패를 가른 요인은 무엇인가?

미국은 독립부터 당시까지 백여 년 이상 대의제와 삼권분립에 기초한 진정한 의미의 민주공화정을[6] 유지해 온 나라이다. 강도귀족

---

[6] 워싱턴은 독립운동가, 전쟁영웅, 초대 대통령 등으로 평가받고 있지만 유사한 사례는 다른 나라에서도 다수 있다. 그의 가장 큰 업적은 2연임에 한하는 임기제를 최초로 실천함으로써 진정한 의미의 민주공화정을 수립한 것에 있다. 이전에도 선거에 의한 대표자 선출 형태는 있었다. 하지만 집권자 스스로 언제든 선거에 다시 나설 수 있었으며 실제로 개인 독재로 변질되어 악영향을 초래하는 경우가 다수였다. 당시 헌법에는 연임제한이 없었기 때문에 워싱턴 역시 얼마든지 장기집권이 가능했음에도 진정한 민주주의 실현을 위해 스스로 모든 것을 내려놓았고 후임들도 워싱턴의 전통을 계승함으로써 역사상 가장 이상적인 정치체제에 해당하는 민주공화정이 실현된 것이다.

들의 영향력이 막대하기는 했지만 민주적 절차에 따라 다수 국민에 의해 선출된 정부가 합법적으로 추진하는 정책을 뒤집을 수는 없었다. 반면 아르헨티나는 페론 자신이 쿠데타에 의해 집권한 세력을 역시 쿠데타로 뒤집은 주체들 중의 하나였다. 따라서 반대세력에 의한 쿠데타 역시 가능했다. 이후 후진체제인 군부독재가 계속되었고 무능과 이기심의 정점에 해당하는 비델라와 갈티에리 시기에 아르헨티나는 헤어 나올 수 없는 나락으로 떨어진다. 80년대에 국민들의 반발에 의해 군부는 물러나고 민선정부가 들어서긴 했지만 너무 늦었다. 당시 아르헨티나 경제는 말 그대로 막장이었고 대부분의 국민들은 필수재가 충족되지 못하는 빈곤한 상태였다. 구성원의 합리성이라는 민주주의 요건이 결여된 상황이었던 것이다. 현재까지 포퓰리즘의 악순환이 지속되는 이유이다.

가진 것과 발전과정에서 동일함을 보여 왔던 두 국가의 운명을 가른 핵심 요인은 시스템의 차이였다(보충 4-1. 2등 죽이기).

그런데 뜻밖의 외부요인에 의해 아르헨티나의 운명이 바뀔 수도 있었다. 로마에 의한 고향에서의 추방 이후 2천 년 가까이 차별과 핍박 속에 살아오던 유대인들은 포그롬이[7] 지속되던 중 드레퓌스 사건을[8] 계기로 시오니즘을 구체화하였고 히틀러라는 재앙을 겪으며 더

---

[7] 19세기 말부터 20세기 초에 러시아와 동유럽지역에서 발생했던 연이은 유대인 탄압과 학살 사건.
[8] 관용과 포용을 국시로 하며 진보와 개방의 상징으로 평가받는 나라에서 공권력의 형태로 반유대주의가 나타난 것이다. 프랑스에서 살아갈 수 없다는

욱 공고화한다. 회귀본능에 의한 선조들의 땅으로의 이주 열망은 당연한 것이었으며 불리한 여건 속에서 막대한 고난을 감수하며 지금의 이스라엘을 건국한다. 그런데 시오니즘 초기에[9] 영국이 유대인들에게 권고했던 여러 지역 중에는 아르헨티나도 포함되어 있었다. 만약 팔레스타인이 아닌 아르헨티나로 옮겨갔다면 어떻게 되었을까? 일단 중동이 지금보다는 훨씬 나은 상황이었을 것임은 명백하다.[10] 아르헨티나로 이주한 유대인들은 아마도 동남아에서의 화교들과 비슷한 형태의 지위를 유지했을 것이고 그 나름대로의 문제도 있었을 것이다. 하지만 지금의 아르헨티나 국민들뿐 아니라 유대인 스스로도 보다 나은 삶을 영위하고 있었을 것임은 틀림없다. 농업 광업 등 1차 산업에서 아르헨티나의 독보적 비교우위는 제조업에서의 부진을 상쇄시키고도 남을 정도이다. 이러한 장점을 말아먹은 것은 군부독재라는 후진적 체제라고 앞서 얘기했다. 만약 합리적 유대인들이 아르헨티나 기득권의 상당 부분을 차지하고 있었더라면 이런 후진적 체제를 용납했을 리 없다. 더 중요한 핵심은 중동과 아르헨티나를 넘어서는 세계적 차원의 변화이다. 1차 산업에서의 우위에 더해 유대인들이 탁월한 비교우위를 가지고 있는 3차 산업 즉 상업과 금융에

것은 세상 그 어느 곳에도 자신들의 자리가 없음을 뜻하는 것이었기에 유대인들의 감정은 충격과 공포를 넘어 자괴감 자멸감에 이른다.
9) 1차대전 이전 초기 시오니스트들의 목표는 완전한 유대독립국가 건설까지는 아니었고 핍박과 박해에서 벗어난 안전한 지역으로의 이주였다.
10) 물론 아랍과 이스라엘의 대립 못지않은 수니-시아 간의 종파갈등과 그로 인한 부작용도 여전했겠지만 그래도 지금의 중동보다는 나은 상황이었을 것이다.

서의 노하우가 더해졌다면 지금의 일본 독일에 비할 바가 아닌 진정한 G3로서의 초강대국을 이루었을 것이다. 천하삼분지계가 형성되는 것이다. 실제 역사에서 미소 냉전 시기와 현재의 미중 대립 구도 속에서 나머지 국가들은 강압적으로 줄서기를 강요당해 왔다. 만약 3강 체제였다면 그들 나름대로의 대립과 연대의 변동 속에서 나머지 국가들의 선택지도 지금보다는 훨씬 다양해졌을 것이고 그만큼의 힘의 균형에 의해 세계정세도 안정적이었을 것이다.

  2천 년 동안의 차별과 핍박하에서 정체성을 유지시켜 준 유대신앙이라는[11] 종교적 배경을 이해하지 못하는 것은 아니지만 자본 감각이 탁월했던 유대인들이 가장 결정적 순간에 회귀본능을 거스르지 못한 것이 본인들 중동 아르헨티나 그리고 나머지 세계에 너무나도 안타깝게 여겨진다.

  1961년 좌우 양극단 어디에도 속하지 않는 중립을 통해 자율성을 유지하고 싶었던 제3세계 다수국가들이 비동맹운동을 창설한다. 하지만 소속 국가 대부분이 아시아 아프리카의 저개발국이었으며 리더 역할을 했던 유고와 인도는 미국과 소련에 비해 너무나도 힘이 약했다. 결국 대부분의 국가들이 경제적 이해관계로 인해 미소의 영향으로부터 자유로울 수 없었다.

  페론의 성과이든 유대인의 이주이든 어떤 형태로든 아르헨티나가 강대국으로 도약했다면 이념과 성향의 유사성에 더해 미소의 영향

---

11) 신께서 내려 주신 선조들의 땅으로의 복귀가 주요 교리 중 하나이다.

에서 독자성을 유지하려는 공통된 이해관계를 감안했을 때 페론-티토-네루 간의 3자 연대는 자연스러운 정도가 아니라 필연이었을 것이다. 그랬다면 사사건건 미국 영국과 각을 세우며 독자노선을 추진했던 드골도 상당 부분 힘을 보탰을 것이다. 또한 의미 있는 중규모 국가들의 수장이었던 아랍 민족주의의 구심점인 나세르, 미사일 위기의 마지막 단계에서 흐루쇼프에게 뒤통수 맞았던 카스트로, 미국의 직접적 위협에 더해 중소대립이라는 악재를 맞이하여 아슬아슬한 줄타기를 하고 있었던 김일성 등 나름의 국제적 위상을 가졌던 이들이 실제보다 훨씬 적극적으로 행동했을 것임도 당연하다. 따라서 제1세계 제2세계와 독립된 진정한 의미의 제3세계가 존재했을 것이고 냉전 시기에 일어났던 미국과 소련의 많은 깡패짓도 억제되었을 것이다.

  티토는 사회주의권 지도자 중 스탈린에게 굴복하지 않은 유일한 경우이다. 그럼에도 56년 헝가리와 68년의 체코에 도움이 되지 못한 것은 현실적으로 소련산 곡물과 자원이라는 경제적 이해관계가 너무 컸기 때문이다.[12)13)] 아르헨티나와의 연대는 소련의 압력에 대

---

12) 냉전 시기 소련의 동구권(을 포함한 사회주의권 국가들)에 대한 곡물과 자원의 거래는 국제시세보다 훨씬 싼 가격에 더해 일부는 물물교환으로도 이루어지는 반원조에 해당했다. 정치적 군사적 영향력에 더한 이러한 경제지원이 동구권에 대한 소련의 통제수단이었다. 물론 소련의 착취량이 더 많았다는 주장들이 있지만 91년 소련 붕괴 후 이들 국가들이 겪었던 경제적 어려움을 고려한다면 전자의 크기가 더 했음을 짐작할 수 있다.
13) 56년 소련의 헝가리침공에 대하여 티토는 초기에는 항의했지만 이후 지지를 얻기 위해 찾아온 흐루쇼프와의 비밀회담에서 입장을 바꿔 소련을 적극 지지한다. 헝가리의 공산권 이탈과 서방권으로의 편입을 막기 위함

한 훌륭한 대안이었을 것이다. 따라서 56년과 68년의 상황에 대해 물리적 개입까지는 아니더라도 적극적 중재자로 나서는 것에 더해 상당 부분 소련에 대한 압박의 정도를 더했을 것임은 그의 이력과 신념을 감안할 때 개연성이 상당하다. 동구권에 대한 소련의 압제 정도가 약해졌을 것이라는 의미이다.

반대의 경우도 마찬가지이다. CIA가 중남미에서 저지른 다수의 더러운 공작들 중 정점에 해당하는 것은 아옌데의 사례이다. 칠레와 아르헨티나는 한일 관계와 같이 역사적 앙숙에 해당한다. 하지만 페론(혹은 후계자)과 아옌데의 이념적 성향과 미국 견제라는 공통된 이해관계를 고려할 때 미국의 경제제재로 치명타를 입은 아옌데에게 페론이 도움의 손길을 내밀었을 것임은 당연하다. 그랬다면 실제 역사였던 미국의 제재로 인한 칠레 경제의 어려움, 그러한 경제난을 명분으로 삼고 CIA의 지원하에 일으켰던 피노체트의 쿠데타는 존재하지 않았을 것이다. 이후 페론과 아옌데의 협력은 더욱 강화되었을 것이고 중남미 다른 국가들과의 연대 확대로 이어졌을 것이며 자국 대기업 대자본들의 지대추구를 위한 미국의 영향력은 상당 부분 감소되었을 것이다.

이라는 정치적 명분을 내세웠지만 이면의 속사정이 있었다. 이전 스탈린과의 대립에 의한 (동구권 전체가 참여한) 경제제재와 침공위협으로 상당한 어려움을 겪었었다. 당시는 흐루쇼프와의 화해로 안정을 찾아가는 상황이었으며 이를 뒤집지 않으려는 현실적 이유가 결정적이었다. 68년에도 소련에 적극적으로 반대했다는 평가가 있지만 표현이 거칠었을 뿐 외교적 수사에 그치고 말았다. 국가수장에게 국민들의 경제문제는 필수재에 해당하지만 고귀한 이념이나 국제적 위상은 사치재에 불과하다.

일어나지 않은 역사에 대한 가정이나 예측의 무의미함을 알지만 그럼에도 페론의 실패는 아르헨티나를 넘어서는 세계적 차원의 아쉬움으로 여겨진다.

보충 4-1. 2등 죽이기

페론 실패의 주요 요인 중 하나는 미국의 견제였다. 마셜 플랜에 의한 수혜를 받고 있던 유럽 각국에게 아르헨티나산 곡물 수입을 금지시킨다. 명분으로 페론의 좌파적 혹은 파시스트적 성향을 내세웠지만 그보다는 서구권 내에서 경쟁자 발생을 막으려는 의도가 더 컸다고 보아야 한다. 당시 아르헨티나는 유럽으로의 농산물 수출을 통한 1차 산업에서의 자본축적을 바탕으로 공업화와 복지 증대를 이루려 했다. 40여 년 전의 자신들과 동일한 길을 가고 있었던 아르헨티나의 미래에 대해 누구보다도 미국 스스로가 잘 알고 있었음은 당연하다.

2차대전 종전 후 진영대결이 본격화되었고 소련이 미국의 최대 위협국이기는 했지만 실질적 역량은 비할 바가 못 되었다. 비록 독일에 승전하기는 했지만 전쟁의 최대 피해국이었기에 자국 복구에도 여력이 부족한 상황이었기 때문이다. 유럽도 마찬가지였다. 미국을 제외하고 가장 여건이 좋았던 나라는 양차 세계대전에 휩쓸리지 않은 상태에서 전쟁 당사국들에 곡물 등의 수출로 안정적 부를 쌓아온 아르헨티나였다. 그런데 미국의 눈에 페론은 파시즘과[1] 사회주의

---

1) 페론은 이탈리아 무관 시절 무솔리니의 성과에 큰 인상을 받았으며 훗날 집권기에 상당 부분 차용하게 된다.

양자의 성격이 혼합된 위험인물로 여겨졌고 그러한 아르헨티나가 경제적 성과를 이룬다면 자신들의 패권에 위협이 될 것이라고 판단한다. 미국의 방해는 치명적이었고 그로 인한 경제 부진이 쿠데타의 명분으로 작용한다.

고립주의에서 탈피한 이후 미국이 가장 잘하는 일이 아마 2등 죽이기일 것이다. 그 시초는 아르헨티나였고 일본(85년) 소련에 이어 지금은 중국이다.

쿠바 미사일 위기가 절정에 달했던 1962년 10월 27일 백악관 회의 후 국방장관 맥나마라는 오후의 석양을 바라보며 내일 아침에는 저 태양을 다시 못 볼 수도 있다는 공포감에 휩싸였다. 백악관 벙커 안의 케네디부터 와이오밍의 시골 촌로에 이르기까지 모두가 마찬가지 심정이었다. 미국 역사상 가장 공포스러운 시기였다. 당시 소련의 국력은 경제력에 있어 미국의 70%에 선에 이르렀던 것에 더해 군사력에 있어서도 핵무기로 미국을 멸망시킬 수 있는 수준이라고 알려졌다. 물론 이러한 수치는 소련의 선전효과와 미국 내 군산복합체의 영향에 의해 과대평가되었음이 훗날 밝혀진다. 여하튼 종말이라는 단어가 현실화될지도 모른다는 공포감을 미국 국민 모두에게 전염시킨 역사상 최대위협 역시 몰락시키는 데 성공했다.

현재의 첨단산업은 IT와 금융이지만 80년대에는 자동차와 전자산업이었다. 당시 그러한 첨단산업에서 선두주자는 미국이 아니었으며 미국 전체를 휩쓸고 있던 해당 제품의 상표는 토요타와 소니였다. 그에 더해 1인당 소득마저 일본에 추월당한다. 수십 년 전 자신들이 군사력으로 제압했던 동양의 섬나라가 최첨단산업에서의 성과와 그에 의한 경제적 번영에서 자신들을 앞지른 것에 대한 미국인들의 무력감은 이루 말할 수 없는 지경이었다. 그럼에도 역시 순탄하게 2등을 굴복시켰다.

최근의 뜨거운 논의 중의 하나는 중국의 미국 추월 가능성이다. 실제 성과에 비해 (과거 소련의 경우처럼) 미중 모두 과대포장하고 있지만 언급했던 60~70년대 소련의 군사력, 80~90년대 일본의 기술(경제)력이 미국을 위협한 정도와 비교한다면 훨씬 못한 것이 사실이다. 다음 장에서 다시 언급하겠지만 최근의 중국 체제가 오히려 퇴보하고 있다는 현실까지 감안한다면 이번에도 미국은 무난히 성공할 것이다.

중요한 것은 2등들의 몰락 혹은 쇠퇴에 영향을 미친 외부요인은 미국의 방해였지만 내부요인은 상대적 체제후진성이었다.

5장의
보충 1. 아랍의 봄

1장에서 애그플레이션의 배경과 원인에 대해 설명하면서 저개발국의 굶주림을 언급했었다. 실제로 굶주림의 심화에 직면한 국민들에 의해 촉발된 국제적 혁명이 이른바 아랍의 봄이다. 시리아를 제외한 모든 국가에서 독재자들이 축출되었고(카다피의 경우는 비참하게 사살된다) 민주화가 이루어진다. 이전 시기 해당 국가들의 독재정권 대부분은 서방권과 각종 긴장 갈등으로 대립각을 세워 왔었다. 하지만 이제 민주주의라는 선진체제로 변환함으로써 그들 자신을 포함한 국제사회의 안정과 발전에 기여할 것이라는 기대가 충만했었다. 그러나 알다시피 아랍의 봄에 해당하는 대부분 국가의 현재 상황은 이전 독재 시기보다 퇴보한 것이 사실이다. 기아로 대표되는 민생 문제는 더 악화되었고 민주적 선거에 의해 선출된 정부가 이전 독재자들보다 더 억압적인 종교원리주의하에 국가와 국민을 다스리고 있다. 아랍의 봄에 해당하지는 않지만 하마스와 헤즈볼라도 선거에 의해 집권한 세력이다. 후세인이 축출된 이후의 이라크 상황도 종파 간 세력 간 대립에 의한 테러 내전 등으로 훨씬 더 열악해졌다. 극악한 후세인이나 카다피가 민주주의보다 국민들에게 더 많은 것을 가져다주었다는 이러한 모순상황을 어떻게 설명해야 하는가?

'필수재 미충족에 의한 합리성 결여'라는 상황에 대해 본문에서 설명했다. 민주주의를 채택한 인도와 아르헨티나의 막장 포퓰리즘까지 참고할 때 '가난한 민주주의는 포퓰리즘이나 종교원리주의로 귀결된다'는 결론이 옳은 듯 보인다. 그렇다면 도대체 저개발국 정치체제의 선택지는 무엇이어야 하는가?

1인 독재가 눈부신 성과를 거둔 경우도 있다. 케말 파샤가 아니었다면 튀르키예라는 나라는 없었을 것이며 티토의 유능함이 유고내전을 40여 년 뒤로 미뤘다고 할 수 있다. 언급했던 아랍보다 더한 경우에 해당하는 전 세계에서 가장 최악의 상황에 처해 있는 곳은 중부 아프리카 지역이다. 원인은 물론 여러 가지가 있지만 근본 요인은 부족 종족 간 갈등과 대립에 의한 내전이다. 영원히 해결할 수 없는 난제로 여겨졌다. 하지만 100일 만에 최대 80만 명이 희생되었던 르완다 내전을 단기간에 수습하고 안정시킨 것은 폴 카가메의 개인적 역량에 크게 기인한다. 하지만 이런 성공 사례들은 수백 수천 독재자 중 손에 꼽을 정도의 극히 일부 사례일 뿐이다. 대부분의 독재자들이 허울 좋은 명분을 내세울 뿐 권력을 이용한 사익추구로 나라를 말아 먹는 경우가 훨씬 더 많다.

다른 대안으로 참조해 볼 만한 것은 중국의 집단지도체제이다.[1]

---

[1] 집단지도체제를 넓은 의미로 정의하면 50~70년대까지 효율적으로 작동해 온 일본의 관료중심주의 역시 해당한다고 할 수 있다.

오랫동안의 모택동 독재로 인한 폐해와 파국에 질려버린 등소평은 임기제에 의한(주석 10년, 상무위원 5년) 집단지도체제를 확립한다. 최종결정권자인 주석이 존재하기는 하지만 7인으로 구성된 상무위원회가 독단을 효율적으로 견제하는 구조이다. 엄격하고 까다로운 절차에 의해 선발된 당원 중 30여 년 간 능력과 노력을 객관적으로 검증받은 자원만 중앙위원(205명) 정치국위원(25명) 상무위원(7명)으로 올라갈 수 있다. 오랫동안의 검증과정을 거친 자원들에 의해 의사결정이 이루어지는 구조이다. 이는 효율적으로 작동하여[2] 등소평-장택민-후진타오로 이어지는 시기에 가장 비참한 상태의 저개발국에서 유일한 패권국인 미국에 맞설 수 있는 당당한 G2로서의 강대국에 이른다.

현재의 주석인 시진핑이 취임할 당시는 전 세계가 미국금융위기의 여파로 인한 혼란을 완전히 수습하지는 못한 상태였다. 그런 상황을 구실로 삼아 중국체제가 서구 자본주의를 대신할 수 있다는 이른바 중국몽을 기치로 내걸고 악용하여 1인 장기독재체제로 후퇴하였다. 재차 강조하지만 의사결정에 있어 다수가 참여할수록 집단지성에 의한 효율성의 크기가 비례한다. 개인이 집단보다 우월할 수는 없다. 뒤에서 다시 언급하겠지만 시진핑은 김일성의 전철을 그대로 밟아 가고 있다. 발전이 아닌 퇴보를 선택한 이들의 미래는 충분히 짐작 가능하다. 중국이 미국을 앞지를 수 있느냐고? 어림도 없다.[3]

---

[2] 현재 시점에서 집단지도체제의 강점이 가장 빛을 발하고 있는 곳은 베트남이다.
[3] 인구 규모가 4배에 달하기 때문에 전체 GDP에서는 따라잡을 가능성이 없

개인은 집단이성을 독재는 민주주의를 절대 이길 수 없다.

여하튼 집단지도체제 역시 문제는 존재한다. 만약 저개발국에서 시행을 의도할 경우 누구에 의해 어떤 기준으로 어느 집단이 낙점되어야 하는가? 선택된 집단이 집단이기주의가 아니라 공적 이익에 충실할 것이라고 어떻게 보장할 수 있는가? 동서양을 막론하고 집단지도체제가 다양한 형태로 존재해 왔지만 유고로 대표되는 동구권 현실사회주의의 경우에서 볼 수 있듯이 실패 사례가 더 많다.

개인이든 집단이든 독재의 주체가 건전한 가치관과 자질을 보유하고 있다면 긍정적 결과로 이어질 수도 있겠지만 그런 사례는 극소수이며 자신(들)만의 이익을 추구한 결과 국민과 국가를 헤어 나올 수 없는 수렁에 빠뜨리는 경우가 대부분이다.

지는 않다. 하지만 그래 봤자 1인당 GDP는 1/4 수준이다. 인구 규모 덕분에 강대국의 지위는 유지하겠지만 선진국 진입은 지금의 체제 아래에서는 절대 불가능하다.

보충 2. 체제 전환

'일본 전자산업의 몰락', '중국 조선업의 한국 추월'과 같은 뉴스 등을 접하면 우리나라 사람 대부분의 감정은 기쁨과 낙담이다. 역의 경우에 중국 일본도 당연히 같은 반응이다. 한중일 세 나라는 민족 문화 언어가 각기 다르다. 일본 젓가락은 길이가 짧지만 중국은 길다. 한국 젓가락은 금속 재료이지만 일본과 중국은 나무이다. 한국에서 밥그릇을 들고 젓가락으로 먹으면 경박하다고 여기지만 일본에서는 그렇게 하지 않으면 개처럼 먹는다고 타박한다. 일본에서 젓가락으로 다른 사람에게 음식을 집어 주는 것은 (장례 문화와 연관되기 때문에) 절대로 금기시되지만 중국에서 주인이 손님에게 (제3의) 젓가락으로 음식을 건네주는 것은 친밀함의 표시이다. 그 외에도 3국 간의 차이점은 허다하다. 비슷한 경우가 영국, 프랑스, 독일이다. 영국인들은 프랑스 사람들이 예의 없다고 손가락질하고 프랑스 사람들은 독일인들이 일벌레라며 무시하며 독일인들은 영국인들이 실속 없다고 비난한다. 역시 그 외 사례도 많다. 그런데 한중일 국민들에게 영프독의 차이에 대해 알고 있는 구체적 사례를 얘기해 보라고 한다면 대부분이 대답을 못 할 것이다. 반대의 경우도 마찬가지이다. 유럽인들에게 한중일은 젓가락 사용으로 대표되는 동일 문화권으로 보인다. 수천 년 이상 이웃하다 보니 전쟁과 약탈 같은 갈등과 대립의 경우가 다수였다. 때문에 서로를 구분하고 다르다고 생각한다. 하지만 세계적 차원의 거시적 관점에서 본다면 한중일은 차이보다는 유사성이 훨씬 많은 것이 사실이다. 한국기업에서 필요한 생산설비가 독일과 일본에서 제조되고 있는데 운송비 등 기타 비용까지 고려했을 때 동일한 가격이라면 결정권자인 당신은 어디에서 수입하겠는가? 고가의 생산재이기 때문에 업그레이드를 포함한 장기간 유지보수에 있어서 지속적인 피드백이 필수적인 것은 당연하다. 이후의 시간 비용과 소통의 원활함을 고려한다면 당연히 일본제를 선택할 것이다. 민족감정을 고려해서 일본제를 배제해야 한다고 답하는 사람은 부자 되기에는 글렀다. "이윤을 쫓아서라면 자본은 지옥에라도 들어간다."라고 마르크스는 얘기했다. 하물며 민족감정쯤이야….

경제발전에 도움이 되는 요소 중 하나는 부유한 이웃 국가의 존재이다. 중국과 일본의 번영은 우리에게도 좋은 일이다(대중특수라는 실례도 있다). 그들이 잘못되는 것은 우리에게도 부정적인 영향이 더 크다. 그런데 중국과 일본의 미래가 희망적이지 못하다.

1980년대 일본의 총 GDP가 미국의 70% 선에 이르렀다. 일본의 인구가 미국의 절반에 못 미친다는 것을 감안하면 엄청난 성과였다. 미국은 일본을 견제하기 시작했지만 한편으로는 배우려고도 했다. 일본 스스로도 'Japan as No.1'이라는 자부심에 가득 찬 표현을 당연시했다. 하지만 알다시피 1990년 전후로 거품이 꺼지면서 잃어버린 30년으로 표현되는 일본의 경제 침체가 현재까지 지속되고 있다. 디플레이션 극복을 위해 장기간 저금리 유지와 대규모 양적완화를 시행했지만 성과는 미미했다.[1] 이유는 무엇인가?

PY=VM. 일본의 경우 M(통화량)의 증대에도 불구하고 P(가격)와 Y(생산량)의 변동이 거의 없었다. M의 증대분을 V(화폐유통속도)의 감소분이 상쇄시켰기 때문이다. 특정 경제공동체 내에서 평균적인 사람들의 재화에 대한 필요와 욕구는 일정하기 때문에 'V'의 변동성은 적다고 가정하며 실제 상황도 그렇다. 거의 유일하게 일본에서만 'V'가 대폭 감소한 것이다. 일본 경제에서 'V'의 감소는 소비심리와 투자심리 하락에 크게 기인한다. 일본 가계는 초고령화에 의해 국부의 70% 정도를 60대 이상의 노년층이 보유하고 있으며 노년층은 당연히 소비율이 낮다. 하지만 고령화 상태가 일본에 버금가면서 1인당 소득이 비슷한 한국과 이탈리아와 비교할 때 유독 일본 노년층의 소비심리가 더 낮게 나타나며 청장년층의 경우도 마찬가지이다. 기업 면에서는 아베노믹스에 의한 양적완화 당시 기업들의 사내유보금이 260조 엔, 한화로 약 3,000조 원에 달했다. 비슷한 시기인 2012년 우리나라 기업들의 사내유보금은 600조 원 정도였는데 친기업 보수 성향인 이명박 정부조차 심각한 상황이라 생각하여 초과이익공유제를(보충 2-1. 초과이익공유제) 언급할 정도였다. 당시 일본과 우리나라의 총경제 규모가 3:1인 것을 감안했을 때 일본 기업

---

[1] 확대된 통화의 원래 목적은 자국 내 실물경기 진작이지만 바로 그 실물경기의 부진에 더해 이전의 부동산과 주식시장의 버블 붕괴까지 겹쳐진 덕분에 '엔 캐리 트레이드'의 형태로 대부분이 국외로 빠져나갔으며 현재 세계 경제 혼란의 뇌관으로 작용하고 있다.

의 사내유보금 비율은 세계 최고 수준이었다. 그만큼 투자에 소극적이라는 얘기이다.[2)]

일본 가계의 소비심리와 기업들의 투자심리가 하락한 계기는 버블 붕괴였다. 그런데 다른 나라의 비슷한 경우와 비교할 때 감소된 심리가 회복되지 못하고 비정상적으로 장기간 지속되는 이유는 일본 국민들이 극도로 안정지향적 성향이기 때문이다. 안정지향은 변화에 대한 두려움에 의해 모험회피 체제순응으로 귀결되며 창의성 자율성은 밀려나게 된다. 왜 일본은 극도의 안정지향적 성향을 보이는가? 폐쇄적인 섬나라에서 산지가 많고 농경지는 한계가 있어서 공동체 밖으로의 이동은 사실상 불가능했다. 이런 상황에서 서로 간의 분란은 혼란과 파국을 야기할 수 있기 때문에 각자의 신분에 순응하는 和(와)문화가 고대부터 이어져 왔다. 대다수에 해당하는 농민은 자신의 처지를 받아들이고 천황과 소수의 지배 계급에 순종하는 형태로 살아왔다. 물론 그러한 성향 때문에 일본은 국가주도발전, 위로부터 지시경제의 가장 훌륭한 성과 사례를 이루어 냈다. 필

---

2) 97년 동아시아위기 08년 금융위기 등을 겪으며 많은 경영학자들이 기업에 권고한 사항은 불확실한 미래에 대비한 유동성 확보였다. 얼핏 타당한 논리로 여겨지지만 모든 기업이 투자를 유보하고 저축에만 몰두하면 투자 감소 - 생산 감소 - 고용 감소 - 소득 감소 - 수요 감소 - 투자 감소라는 악순환에 갇히게 된다. 개별 기업 입장에서도 투자 없이 현상 유지에만 급급하면 결국 경쟁력상실로 뒤처져서 퇴출되는 것이 당연한 수순이다. 여하튼 사내유보금 증대는 세계적 차원에서 모든 기업들의 전술이었고 한국도 상당했지만 유달리 일본기업들의 정도가 더했다. 기업도 결국 인적자원의 구성이며 기업의 결정 역시 사람이 행한다. 일본인들의 모험회피 안정지향 체제순응적 성향이 문제였다.

수재 충족까지는 정부주도개발경제가 효율적이지만 선진국 진입을 위해서는 자율성 창의성 다양성을 원리로 하는 민간주도 시장경제로의 체제전환이 필수라고 본문에서 언급했다. 하지만 일본은 정부주도개발만으로 선진국에 이른 유일한 사례이다. 특유의 和문화와의 결합 덕분이다. 그러나 고도성장기에는 위에서 시키는 대로 묵묵히 따르는 和문화가 긍정적 요소였지만 일정 수준 도달 이후 결국 창의성과 자율성의 부족으로 한계에 부딪히게 된다. 신자유주의로 인한 치열한 경쟁에 직면한 다른 국가와 그 기업들이 창조와 혁신으로 돌파구를 찾고 있을 때 일본 국민과 기업들은 위로부터의 지도와 공동체 내의 조화라는 수동적 안정지향 성향에서 벗어나지 못했으며 지금까지 이어지고 있다. 잃어버린 30년은 당연한 결과이며 가치관과 문화의 변화 없이는 지속될 듯하다.[3)4)]

70년대의 소련과 80년대의 일본처럼 2020년대 중국의 총 GDP가 미국의 70%를 넘어섰다.[5)] 60여 년 전에 수천만 명이 굶어 죽

---

3) 안타까운 것은 변화의 기회가 있었다는 것이고 놀라운 것은 일본 스스로 그 기회를 만들어 냈지만 스스로 기회를 차 버렸다는 것이다. 자세한 설명은 뒤에서 하겠다.
4) 잃어버린 30년에 대한 원인으로 정책 실패와 불운을 많이들 거론한다. 하지만 그러한 요인은 어느 나라에나 공통적이다. 불운에 맞서고 실패를 바로잡는 추진력과 창의성의 부족이 현재 일본 상황의 근본 원인이다.
5) "미국은 소련도 죽였고 일본도 죽였다(45년이 아니라 85년도). 당연히 중국도 죽일 것이다."라는 표현이 있지만 오해의 여지가 있다. 미국의 견제도 한몫했지만 근본 원인은 각국의 내부요인이다. 많은 사람들이 소련몰락의 이유로 오일쇼크 아프간전쟁 체르노빌을 얘기한다. 하지만 예상치 못한 위

는 참사를 겪은 최빈곤국이 엄청난 성과를 이루어 낸 것이다. 그렇지만 1인당 GDP는 1만 2천 달러에 지나지 않는다. 동남아보다는 훨씬 많고 남미 평균보다도 우월한 수치이지만 동유럽보다는 못하다. 필수재 충족선에는 당연히 못 미치며 따라서 아직까지는 국가주도개발이 더 효율적이라고 생각된다. 구체적인 체제전환 시점은 상황에 따라 다소 차이는 있겠지만 1인당 GDP 기준 대략 1만 5천 이상 2만 이하 어디쯤일 것이다. 최근의 성장률이 하락세이기는 하지만 시기의 차이일 뿐 도달할 것임은 분명하다. 그런데 14억이라는 세계 1위의 인구 규모가 세계 2위권에 해당하는 극심한 부의 불평등 상황(상위 1%가 전체 부의 30% 이상 보유)에 처해 있다는 것이 문제를 복잡하게 한다. 현재의 불평등 정도가 지속된다면 중간값인 1만 8천 정도에 도달해도 이에 해당하는 인구는 5% 이하가 될 것이다. 즉 95% 이상은 여전히 필수재 충족선 아래이다. 따라서 이 시점에서 단기간의 전면적인 체제전환은 90년대의 소련이나 2010년대 아랍의 상황으로 귀결될 가능성이 높다.[6]

그런데 현재의 불평등 정도가 지속된다면 해당 시점에서 상위 5%가 가진 부가 전체의 50% 이상일 것이다. 필수재가 충족된 이들

기는 누구에게나 공평한 확률로 찾아온다. 자율성에 바탕한 능동적 집단이성은 시행착오를 겪을지라도 결국 위기를 극복하지만 교조적인 관료제는 한계에 부딪힐 수밖에 없다.

6) 이전의 천안문 항쟁이 성공했다면 중국은 소련의 뒤를 밟았을 것이 분명하다. 당시에는 필자도 중국 공산당의 행태에 분노했지만 '아랍의 봄'이 생각을 바꾸게 했다. 하지만 홍콩의 경우는 반대이다. 민주주의와 시장경제에 힘입은 번영을 후퇴시킨 명백한 실책이다.

5%의 구성원은 자율적인 시장경제상황에서 전체의 50%에 해당하는 부를 더 효율적으로 운용할 수 있다. 95%의 필수재 충족선에 미달하는 인구 때문에 체제 전환을 미룰 경우 전체 부의 절반 이상이 비효율적이고 비생산적인 계획경제하에서 운용되는 것이다. 1만 8천 선에 도달할 경우 중국의 국내총생산(GDP)은 20조 달러 이상일 것이며 이는 영국 프랑스 독일 3국의 GDP 합계보다 2배 이상이고 전 세계 총생산량의 20%에 해당한다. 막대한 부가 비효율적 비생산적으로 운용되는 것이다.

체제 전환의 경우 혼란 초래, 미룰 경우 비효율적 경제라는 이러지도 저러지도 못하는 딜레마에 처하게 될 장래 상황을 고려한다면 지금부터 중국 정부가 최우선적으로 해결해야 할 과제는 불평등완화이다. 등소평의 선부론에 의해 일단 부자가 되는 것을 촉구하고 이후에 재분배하려 했지만 아직까지는 전자에 그치고 있다.

"네 인생의 성공 여부는 네 동서(처형이나 처제의 남편)의 연봉에 달려 있다."라는 미국 속담이 있다. 이를 중국식으로 바꿔 말하면 하북성 주민들의 삶의 만족도는 파리나 뉴욕이 아닌 베이징 시민들의 소득에 의해 정해지고 농민공의(보충 2-2. 신자유주의와 농민공) 체제에 대한 충성도는 사장의 승용차에 의해 결정된다. 지금의 상황을 계속 방치하다가는 자본가와 권력자에 대한 노동자 농민 투쟁의 가장 대규모 사례는 아이러니하게도 자칭 공산당 독재국가에서 나타날 것이다. 또한 부의 불평등 해소와 함께 점진적인 개혁을 시작해야 한다. 권력으로부터 독립된 사법제도, 완전한 사적 재산권 확립, 지방분권, 다당제, 보통선거에 의한 의회민주주의, 민간주도 시장경제, 대외개방 등의 계단을 차근차근 올라가야 한다. 시간과 고통이 따르겠지만 중국이 목표로 하는 선진국들은 모두 갖추고 있는 필수 요소들이다. 그런데 과연 중국 공산당이 기득권을 내려놓고 경로의 존성에서 벗어나 이를 이룰 수 있을까?[7] 또 그러려고 할까? 필자의 대답은 다음과 같다. 만약 중국이 성공한다면 중국 모델을 전 세계로 전파해야 한다. 그러면 모두가 선진국이 될 것이다.

국가주도개발경제의 가장 뛰어난 사례는 소련과[8] 일본이라 할 수 있다. 50~60년대에 일본의 평균성장률은 10% 이상이었다. 이 시기에 한해 경제성장률이 서방권 중 선두에 해당한다. 전쟁의 폐허 속에서 이루어 내었기에 더욱 대단한 성과였다. 전쟁 막바지 6개월간의 대규모 공습 결과 일본의 산업시설은 초토화된다. 하지만 폐허라는 표현을 쓰긴 했지만 노하우와 인적자본은 남아 있었으며 기초기반시설 역시 완전히 사라진 것은 아니었다. 복구는 신규건설보다 당연히 수월하다. 실제 독일의 군수공장들이 연합군의 폭격 이후에 짧게는 수일 혹은 수주 내에 원래의 생산능력을 회복한 사례는 많다.

---

7) 임기제에 의한 집단지도체제를 복원시켜 상기 과제들을 추진하는 것이 합리적 현실적 대안일 것이다. 중국 공산당의 신속하고 현명한 판단을 진심으로 기원한다.
8) 후진 농업국가였던 소련은 1928년 경제개발계획 시행 이후 연평균 10% 이상의 성장률을 보이며 불과 10여 년 만에 중공업에 기반한 세계 2위의 경제대국이 된다. 특히 이 시기는 대공황으로 인해 다른 국가들이 경제후퇴였다는 점을 감안해야 한다.

그렇지만 일본 이웃의 어떤 나라는 3년 내내 이어진 융단폭격의 결과로 폭격의 기획자가[9] 스스로 표현한 것처럼 석기시대로 되돌아간 탓에 땅 위에 남은 것이 아무것도 없어서 사람들이 토굴과 천막 속에서 살아야 했다. 그랬던 나라가 같은 시기였던 50~60년대에 일본에 앞서는 성장률을 달성한 것을 넘어서서[10] 사회주의권에 한정할 경우 초강대국인 소련과 기존 선진국이었던 동독 다음의 중화학공업화를 이룬 나라가 있었다.[11] 60년대 말 70년대 초 북한은 북미와 서유럽의 기존 선진국을 제외하고서는 최상위권에 해당하는 삶의 질을 누렸다고 할 수 있다.[12] 수치화된 소득 정도에 있어서는 일본이 앞서지만 이 시기 일본은 쿠즈네츠곡선의 상승기에 해당하여 불평등이 증가하는 시기였다. 일부 대도시에는 본격적인 고층빌딩군이 들어서기 시작했지만 대다수 국민들의 삶의 수준은 여전히 곤궁한 상황이었다. 반면 북한은 사회주의 체제 특성상 성장의 몫이 대부분의 국민들에게 고루 돌아가고 있었다. 특히 무상교육, 무상의

---

9) 커티스 르메이. 르메이와 스탈린은 공리주의의 극단적 사례에 해당한다.
10) 우호적 학자의 경우 20% 선에 근접하는 수치를 제시하기도 한다. 하지만 냉전 시기 소련의 사례에서 보이듯이 공산권 자료에 대한 신뢰도는 의심스러운 것이 사실이며 프로파간다 효과를 감안할 때 상당히 과대평가된 경우에 해당한다. 그럼에도 최소 10% 이상인 것만은 확실하다.
11) 소련은 광대한 국토와 자원, 동독은 우수한 인적자원과 노하우라도 존재했지만 북한은 정말정말 아무것도 없었다.
12) 이 시기 북한의 중화학공업 중에서 주력 분야였던 비료생산과 전력발전의 성과는 농업생산성 증대와 경공업 산업의 동력제공이라는 선순환 구조로 연결되어 인민들의 삶의 질 향상으로 이어진다.

료를[13] 포함한 필수재 충족과 직업의 보장 등을 고려할 때 중위점을 기준으로 한 국민 대다수의 삶의 질과 안정성이라는 관점에서 살펴본다면 북한이 일본보다 나았다고 말해도 과장이 아닐 것이다. 지금 기준으로는 과거 재일 동포들의 북한행과 일본 내 좌파들의 맹목적 북한 추종이 이해가 안 되지만 당시 상황에서는 그럴 만도 했던 것이다. 발전의 수직 정도라는 관점에서 본다면 해당 시기까지로 한정할 때 소련과 일본의 성과를 뛰어넘는다고도 할 수 있다. 특히 중화학공업 정착은 기존의 선진국들도 산업 혁명기에 수많은 시행착오와 제국주의적 착취라는 희생으로 달성했고 소련은 최소 3백만 명이 굶어 죽는 우크라이나 대기근을 바탕으로 이루어 냈으며 중국은 2천만 명 이상을 희생시키고도 실패한 과제였다(대약진 운동). 자원대국인 미국을 제외한다면 북한만이 상대적으로 순탄하게 자리 잡은 거의 유일한 경우라고 할 수 있다. 계획경제와 근면한 국민이 고도의 정합성을 이루며 달성한 경이적인 성과였다.[14]

---

[13] 일부는 해당 시기 북한 의료의 질적 수준을 문제 삼아 그 성과를 폄하하기도 하지만 양질의 무상의료라는 것은 현재의 선진복지국가들도 이루지 못한 것이다.

[14] 어떤 이들은 50~60년대 북한 발전의 주요 요인으로 소련과 동유럽의 원조를 결정적 요소로 간주하며 남한에 대한 미국의 원조보다 북한에 대한 사회주의권의 원조량이 더 많았다며 구체적 수치를 제시하기도 한다. 그런데 이 주장의 오류는 언급한 수치가 지원된 금액이 아니라 지원하기로 약속한 금액이라는 것이다. 이러한 대규모 원조는 당연히 연도별로 순차적으로 이루어진다. 하지만 곧 이은 흐루쇼프와 모택동의 대립에서 정치적 이유로 북한이 중국 편으로 기울자 앞서 언급한 원조약속의 상당 부분이 철회된다. 반면 당시 남한원조의 주체인 미국은 생산량에 있어 단순 1위가 아니라 전 세계의 절반에 해당했으며 공산주의 세력 확장을 저지하

그런데…….

1974년 2월 한반도 역사상 가장 최악의 결정이 공식화된다. 북한에 왕조체제가 수립된 것이다. 김일성 일가와 추종세력들의 지위가 세습되는 왕조체제의 제1목표는 국가발전이 아니라 체제 유지이다. 세습제를 정당화시키기 위한 선전선동에 이전 발전의 결과물을 낭비하기 시작한다. 가시적 선전을 위한 불필요한 대형 건축에 노동력과 자원을 쏟아붓고 중화학공업을 뒷받침할 고급기술인력 양성이 아닌 체제 충성도를 고양시키기 위한 이념 주입에 교육자원을 낭비한다. 왕조 수립에 동조한 기득권 세력에 대한 시혜와 그들의 생활권인 평양권 정비, 군수산업으로의 지나친 편중 등으로 이전 성과물을 말 그대로 말아먹는다. 중화학공업이 안정적으로 정착하기 위해서는 발전, 정유, 항만, 도로 등의 인프라 마련과 기술력 증진을 위한 고등교육 등이 뒷받침되어야 한다. 또한 생산력과 체제는 강한 인과관계이기 때문에 생산력 증대와 체제 진보의 동반은 필수라고

기 위한 최전선에 해당하는 남한에 대한 원조를 우선시했다. 여하튼 사회주의권의 원조나 기술지원 등이 있었던 것은 사실이며 분명 도움이 되기도 했지만 북한 발전의 핵심 요소였다는 주장은 과장에 해당한다. — 흐루쇼프가 대내외에 공개적으로 스탈린 독재를 비판하고 격하한 것은 모택동 1인 독재에 대한 반대세력의 명분으로 작용할 수 있었기에 커다란 정치적 부담이었다. 따라서 이전부터 쌓여 온 소련에 대한 불만을 명분 삼아 흐루쇼프를 비난하기 시작했고 역시 독재체제 공고화에 주력하던 김일성이 모택동에게 동조하게 된다. 이런 김일성에 분노한 흐루쇼프는 소련은 물론이고 동구권 전체에 압력을 행사하여 북한에 대한 지원의 많은 부분을 철회시킨다.

수차례 강조했다. 중화학공업 정착을 디딤돌로 하여 도약해야 할 시점에 정확히 후퇴를 시작한 것이다. 그리고 그 결과물은 지금 우리가 보고 있는 그대로이다. 장경국과[15] 김일성의[16] 차이가 오늘날 대만과 북한의 결과물이라고 해도 절대 과언이 아니다. 저개발국의 경우 강력한 리더십과 추진력에 의해 성과를 낼 수도 있지만 지도자가 잘못된 가치관이나 이기심에 의해 행동할 경우 국가 전체가 나락으로 떨어지는 것은 당연한 수순이다. 김일성과 북한만큼 생생한 예는 없을 것이다.

만약 김일성이 세습이 아니라 다른 사회주의권처럼 능력을 검증받은 합리적 후계자에게 권력을 이양했다면 어떻게 되었을까? 사회주의 체제의 한계 때문에 선진국까지는 어렵겠지만 적어도 동독 다음의 생산력은 유지했을 것이고 이후에 우리가 누렸던 대중특수의 일부는 북한의 몫이 되었을 것이다. 그리고 그것은 우리에게 마이너스가 아니라 선순환하는 플러스 효과로 귀결되었음에 틀림없다. 개혁개방으로 세계경제와 연관이 깊어지는 중국과의 경제관계가 밀접해질수록 북한도 같은 흐름이었을 것이고 당연히 고립을 자초하는 지금의 핵 개발 등은 상상할 수 없다.[17] 실제 상황에서 공산권 붕괴 이후 북한 경제는 침체를 거듭하다가 결국 고난의 행군이라는 파국

---

15) 장경국은 아버지 장개석에게 총통 자리를 세습받았지만 본인은 헌법에 의한 합법적 후계자에게 이양한다. 그리고 후계자 이등휘는 물리적 투쟁이나 대립 없는 평화적인 민주화를 이루어 낸다.
16) 현재의 시진핑이 체제퇴보라는 김일성의 전철을 따라가고 있다.
17) 구체적 수치에 대해서는 이견이 있지만 분단(대결)비용의 막대함은 명백하다. 따라서 대립 완화에 의한 비용절감액도 상당할 것임은 분명하다.

에 이르렀다. 검증된 지도자였다면 위기의 돌파구로 어떤 선택을 했을까? 이 시기 남한은 소련과의 정상회담, 중국과의 수교, 동구권 진출 등으로 북방정책에 성과를 이룰 때였다. 다른 공산권 국가와도 관계를 증진시키는 마당에 북한에는 더욱 적극적으로 행동했을 것임은 말할 필요도 없다. 따라서 통일까지는 아닐지라도 지금과는 비교할 수 없을 정도의 협력적 관계를 통한 시너지효과가 극대화되었을 것이다.[18)19)] 당연히 현재와 같이 북한이 주변국에 구걸하거나 남한이 강대국의 억지에 제 목소리를 내지 못하고 눈치를 보아야 하는 굴욕적인 상황들도 없었을 것이다. 이 모든 것에 대한 결정적인 책임의 주체는 한반도 역사상 최악의 인물인 김일성이다.

그나마 50여 년 전 북한의 발전이 남긴 유일한 성과물이 있기는 하다. 현재 대한민국은 경제력의 근간인 제조업 분야의 기술력이 세계 3위권이고 첨단산업인 반도체와 IT에서도 역시 3위권이다. 지금

---

18) 2023년 현재 중국과 대만 간의 안보위기가 절정에 달해 있으며 이전부터 대만 정부는 중국에 대한 경제의존도를 줄이려 노력해 왔지만 위기감의 고조와는 반대로 대만기업의 중국진출은 증가해 왔다. 안보위기 따위가 자본의 이윤추구를 방해할 수는 없다. 언어와 문화의 유사성은 투자 생산 소비의 결정적 요소이다. 우리와 북한이 우호 협력관계였다면 지금 제3국에 진출해 있는 우리 기업 상당수는 북한에 있을 것이고 한국 내에서 노동하고 있는 언어와 문화가 이질적인 제3국 외국인 노동자의 대부분을 북한 주민들이 대신했을 것이다.
19) 공산권 붕괴 혹은 고난의 행군 시기에 세습이 아닌 검증된 지도자에 의해 남한과 협력이 이루어졌다면 위의 과정들을 거치며 지금쯤은 통일이 되어 있었을 것이다.

과 같은 성과의 시발점은 73년 6월 중화학공업 육성책의 공식화였다. 그러나 당시 상황에서는 불가능한 과제였다. 막대한 투자자본과 유기적인 인프라 마련에 더하여 질적으로 우수한 노동력이 뒷받침되어야 하지만 아무것도 없었다. 그에 더하여 중공업은 투입되는 절대 자본액 때문에 반드시 규모의 경제를 갖추어야 한다. 하지만 빈곤한 상황이 더해진 좁은 내수시장이라는 한계가 분명했기 때문에 수출로 길을 뚫어야 했다. 그러나 세계시장이 기존 선진국들의 검증된 제품을 뒤로하고 질적으로 신뢰할 수 없는 저개발국 제품을 선택해 줄 것이라고 기대하는 것은 말도 안 된다.[20] 당연히 전문가를 포함한 주변의 만류와 원조 주체인 미국의 반대가 뒤따랐으며 당시 우리보다 좀 더 나은 상황에도 불구하고 현실적인 경공업 육성책을 마련한 대만의 사례가 대안으로 권고되었다. (자본부족분을 차관과 외채로 대신했기 때문에) 만약 실패한다면 국가 전체가 헤어 나올 수 없는 지금의 중남미와 같은 빈곤의 늪으로 떨어질 것이었다. 그럼에도 박정희는 왜 불가능해 보이는 위험천만한 도박에 뛰어들었을까? 당시는 북한과의 체제경쟁이 극에 달한 시기였으며 남한이 뒤처진

---

[20] 많은 신흥국 저개발국의 수입대체산업이 실패하는 이유이다. 질적 문제로 인해 수출에 실패하고 내수시장에 한정될 경우 규모의 한계로 인해 이전 수입제품보다 질적으로 떨어지는 제품이 가격은 비싸진다. 아르헨티나 막장 경제의 부수적인 원인 중 하나이며 선진국이자 강대국의 마지막에 해당하는 스페인도 실패했다. 중국은 막대한 내수시장과 권위적 정부라는 배경 덕분에 성과를 보일 수 있었지만 남한의 경우는 처음부터 수출이 전제였기 때문에 실패한 나라들의 전철을 밟을 것이라는 염려는 당연했다. 실제로 저개발국 중 중화학공업 분야에서 수출을 동반한 수입대체화에 성공한 경우는 우리나라가 유일하다.

상태였다. 경쟁에서 이기기 위해 더 우월한 생산력을 갖춰야 한다는 경제적 유인이 가장 중요하게 작용했지만 그에 못지않은 다른 이유도 있었다. 70년대 남한의 지하실에서 미싱이 돌아가고 있을 때 북한의 땅속에서도 기계음이 가득했다. 다만 북한이 지하공장에서 찍어 낸 것은 탱크였다. 북한의 지난 20여 년의 노력에 의한 성과 중 하나는 군수산업이었다. 뒤처진 남한의 상황을 악화시킨 것은 베트남전으로 인한 72년의 주한미군철수였고 기존 미군 전력의 50%만이 남한에 남게 되었다. 박정희의 입장에서는 미국을 절대적으로 신뢰할 수만은 없게 되었으며 자주국방의 필요성을 절감하게 된다. 그런데 자주국방은 말이나 의지만으로 되는 것이 아니다. 구체적인 군수산업이 뒷받침되어야 했으며 그 기반은 당연히 중공업이다. 경제와 안보 양면에서의 상황 때문에 박정희가 아닌 어떤 결정권자라도 중공업육성은 피할 수 없는 과제였다. 하지만 당위성과 가능성은 별개 문제이다. 해야 한다고 해서 할 수 있는 것은 아니다. 그럼에도 박정희는 할 수 있다고 판단했고 근거로 이렇게 생각했을 것이다. '북한도 성공했는데 우리라고 못 할 리 없지 않느냐?' 그리고 과감히 밀어붙였다. 물적 자본과 기술 부족의 대안으로 막대한 차관과 외채, 노동력을 갈아 넣었다. 하지만 산업 특성상 시작 이후 10여 년 동안 성과가 미비하였다. 70년대 우리나라 경제가 연평균 10%대의 성장을 이룬 것은 사실이지만 그것은 양적 노동력을 바탕으로 한 경공업 제품 수출, 중동 진출과 베트남전 특수 등으로 이룬 것이었다. 반면 중공업 분야는 수출에서 차지하는 비중이 늘어나고는 있었고 그것만으로도 의의가 있지만 기존의 투자액에 비하면 대차대조표상으로는 아직 마이너스 상태였다. 그에 더하여 예상치 못한 오일쇼크로 인해 해당 분야의 손실이 극대화되어 전체 성장률 둔화로 이어지고 70년대 후반의 극심한 경제 침체로까지 연결된다. 다시 한번 강조하지만 전쟁 혁명 소요 등의 혼란 사태는 경제위기가 주요 요인이다. 유신독재에 대한 불만은 이전부터 지속적이긴 했지만 체제 유지에 영향을 미칠 정도는 아니었다. 경제발전이 체제변동 유인을 감소시켰던 것이다. 하지만 이 시기의 총체적 경제불황은 부마항쟁과 같은 국민 대다수의 반발로 이어져 결국 (김재규의 박정희 시해라는) 10.26으로 귀결된다. 무덤 속에 있는 박정희는 많이 억울할 것이다. 중공업의 정착은 최소 10년 이상의 장기적 투자가 선행되어야 한다. 북한의 경우 사회주의 독재체제였기 때문에 오랜 기간 지속적인 투자가 가능했고 결과적으로 성과를 보였지만 박정희도 독재이긴 했으나 김일성에 비한다면 상대적인 민주주의 체제였기에 선거와 여론으로 나타나는 국민의 의견을 무시하거나 억누르는 데 한계가 있을 수밖에 없었다. 여하튼 박정희 사후 얼마 지나지 않은 80년대의 3저 호황으로 결국 중공업투자는 흑자로 전환되고 이후 대중특수까지 누리게 되어 오늘날 대한민국 경제성장의 바탕을 이루게 된다.[21][22]

---

21) 3저 호황과 대중특수와 같은 외부요인은 확률적으로 공평한 기회일 뿐이며 성과로 연결시키는 것은 결국 내부요인인 자질과 노력이다.
22) 대중특수는 당연히 우리만의 이익은 아니다. 만약 중국이 대한민국이 아닌 제3국과 거래했다면 그 정도의 효율성을 보였을까? 중국이 우리를 선택한 것은 최소비용으로 최대효과라는 관점에서 그들의 이익을 극대화하는 합리적인 결정이었으며 상호이익으로 귀결되었다.

결론은 50여 년 전 당시까지로 한정했을 때 한반도 역사상 최고의 생산력과 최상의 인민의 삶의 질을 달성했던 국가에서 남긴 유일한 유산은 지금 대한민국번영의 동기부여로써 작동했다는 것 말고는 아무것도 없다.

일본의 정체, 중국의 한계, 북한의 퇴보와 관련된 핵심 요인은 정치와 문화를 포함하는 넓은 의미의 사회체제이다.

보충 2-1. 초과이익공유제

　08년 금융위기에 대한 방안으로 당시 우리 정부는 고환율정책을 통한 수출 증대를 택한다. 이는 상당한 성과로 이어져 이 시기 선진국 중 거의 유일한 성장, 사상 최대의 무역수지 흑자, 종합주가지수 최고점 경신, 상장기업 순이익 최고치 달성 등으로 이어졌고 수출 주체인 대기업에 막대한 이익을 가져다주었다. 하지만 중산층을 포함한 서민들의 상황은 반대였다. 엥겔지수와 지니계수는 더 악화되었고 08년 09년 연속 임금이 하락했으며 이후 임금상승분도 선진국 중 최하위였다. 물론 지니계수는 앞선 정권에서도 좋지 않았고 임금하락은 출범 후 얼마 지나지 않은 시기였기 때문에 근본 원인 역시 이전에 있다고 변명하겠지만 이 시기 이익 증대분을 감안하면 설득력이 없다. 여하튼 전체 국부는 증가했지만 혜택은 일부 부유층에게만 돌아가고 일반 국민들의 삶은 더 어려워졌다. 고환율정책에 따른 단기적인 부익부 빈익빈 현상은 당연하다. 수출과 수입 모두 대외 의존도가 막대한 우리나라 여건상 고환율은 수출기업에는 이익이 되지만 수입 물가 상승으로 인한 일반 국민들의 고통은 커진다. 사실상 서민들의 부를 대기업으로 이전시킨 것이다. 물론 정책의 주체인 정부도 이러한 원리를 알고 있었다. 하지만 이익이 발생한 대기업과 부자들이 늘어난 부로 투자와 소비를 증대시킴으로써 아래로까지 이전되는 낙수효과로 이어질 것이라 예상했다. 그러나 사상 최대 사내유보금이라는 상황으로 나타났으며 당연히 낙수효과는 전혀 없었다. 역대 정부 중 가장 보수 친기업적인 이명박 정부조차 심각한 상황이라 인식하고 초과이익공유제라는 대안을 추진했지만 재벌과 하수인들(정계 학계 언론계)의 반대에 부딪혀 좌절되고 만다. 물론 그들 나름대로의 이유는 있었다. 첫째는 불확실한 미래 상황에 대비한 현금 보유 필요성이었다.[1] 금융위기는 누구도 예상치 못한 말 그대로 블랙스완 현상이었다. 위기 이전에 위험성을 경고한 몇 가지 사례가 거론되지만 극히 일부의 소극적 표현에 불과했으며 명확하게 예측한 경우는 없었다. 아무도 예상하지 못했던 파국으로 귀결되자 많은 경영학자들이 기업에 권고한 것은 불확실한 미래 상황을 대비한 현금 보유량 증대였다. 둘째는 국내 재벌들의 특수한 상황 때문이다. 순환출자를 통해 지배권을 유지하던 재벌들이 03년 SK의 소버린 사태 이후 위기의식을 느끼고 더 안정적 방법인 지주회사를 통한 지배권 유지의 형태로 전환 중이었다. 그런데 순환출자에 비해 지주회사 방식은 많은 현금 보유량을 필요로 한다. 따라서 시기적절하게 찾아온 막대한 이익을 사내유보금 형태로 쌓아 둔다. 그러나 상황상 이해할 수도 있다고 생각해서는 안 된다. 고환율정책으로 인한 대기업들의 이익은 국민들의 희생으로 이루어진 국민의 몫이 상당하다. 왜 기업의 위험회피와 지배권 보유를 위해 일반 국

---

[1] 현금 보유 욕구는 개별 기업 입장에서는 당연하지만 전체가 동일하게 행동하면 투자와 생산이 위축되어 결국 모두의 손실로 이어진다. 지시와 규제 등의 정부 역할이 필요한 이유 중 하나이다.

민들이 희생되어야 하는가?

그런데 국민의 부를 대기업으로 이전한 사례는 이전에도 흔했었다. 71년 10.2 항명 파동[2]의 주모자였던 김성곤과 동조했던 국회의원들이 중앙정보부에 끌려간다. 쌍용그룹의 창업자이자 총수이며 집권여당의 정치자금을 담당하는 실세 정치인이었음에도 김성곤은 무자비한 고문과 수모를 겪었고 이후 박정희 앞에서 울며불며 가진 재산과 회사 모두를 헌납할 테니 제발 용서해 달라고 빌었다 한다. 그런데 그 말을 들은 박정희는 어이없다는 투로 "그게 네 거냐?"라고 반응했다고 한다. 쌍용이라는 회사가 김성곤의 것이 아니라면 누가 주인이라고 박정희는 생각했을까?

국가주도개발 체제일지라도 모든 경제 부문을 정부가 직접 운영할 수는 없다. 기간산업과 기초 인프라에 해당하는 철강 발전 통신 정유 등은 공기업이 담당했지만 구체적 제조업인 기계 전자 자동차 물류 등은 민간기업의 역할이 필요했다. 그런데 당시 상황에서는 이러한 산업들도 단기간의 손실을 감내해 가며 장기간에 걸친 많은 투자가 필요했고 관련 인프라도 미흡한 상태였기에 민간이 맡기에는 버거웠다. 따라서 해당 기업들에게는 당장의 (현금) 수익 산업과 수직계열화에 의해 연관 인프라를 마련하는 기업집단이라는 포트폴리

---

[2] 박정희는 김성곤으로 대표되는 공화당 내 실세 4인방을 견제하고자 오치성을 내무부장관으로 불러들여 역할을 맡겼다. 그러자 4인방과 그들의 계파였던 일부 의원들이 야당에서 건의한 오치성 해임안에 찬성함으로써 박정희에게 반기를 들었던 사건이다.

오 구성이 요구되었다. 재벌 탄생의 배경이다. 당시 상황에서는 불가피했고 긍정적인 결과로 이어진 것도 사실이다. 여하튼 정부는 여러 방법으로 이러한 기업집단을 지원한다. 몇 가지만 언급하면 첫째, 시장금리보다 낮은 이자율로 대출하는 정책금융이다. 이는 저축의 주체인 국민들의 이자소득을 이전시킨 것이다. 둘째, 당시 주력 수출산업이었던 노동집약적 산업에서 저임금유지를 통한 가격경쟁력 확보이다. 노동운동 탄압 등과 같은 강압적 방법으로 임금을 억누른 것은 당연히 노동자 몫에 대한 착취이다. 셋째, 동일한 제품의 내수가격을 수출가격보다 높게 책정하는 것을 묵과한다. 이는 국민들에게서 얻은 초과이익으로 수출경쟁력을 확보한 것이다. 넷째, 국민의 세금으로 수출장려금을 지급한다. 다섯째, 박정희 대에 시작하여 노태우 시기에 마무리된 민영화의 경우에도 국민의 세금으로 설립한 공기업을 대기업에 헐값으로 매각한 것이며 국민의 재산을 사기업에 특혜로 이전시킨 것이다.[3] 결론적으로 현재 대기업 지분의 상당 부분은 국민의 몫이다. 이제 박정희의 반응이[4] 이해될 것이다. 물론 이러한 전략은 많은 것이 부족했던 당시 상황에서는 적절한 방

---

[3] 물론 경제가 어느 정도 성숙단계에 이르면 공기업의 민영화는 필요하다. 문제는 특혜의 형태로 특정 사기업을 지정하여 시중가격보다 낮게 매각했다는 것이다.

[4] 조선업 진출을 지시하자 시기상조라며 완곡하게 거부 의사를 표시한 정주영에게도 한마디 했었다. "우리나라의 내로라하는 기업인들 대부분이 자신이 잘해서 그 자리에 있다고 착각하고 있소." ─ 이후 전개는 널리 알려진 영국에서의 거북선이 그려진 500원 지폐에 관련된 일화이다. "해 봤어?"의 원조는 정주영이 아니라 박정희였다.

안이었으며 창업자들의 자질과 노력이 결부되어 상당한 성과로 이루어진 것도 사실이다. 그런데 문제는 이러한 기업집단이 소유권에 더해 의사결정권까지 세습하는 재벌이라는 후진적 체제로 변질되었다는 것이다. 외국에도 기업집단이 존재하고 소유권 상속도 있다.[5] 하지만 의사결정권까지 세습하는 경우는 적어도 선진국에서는 찾아보기 힘들다. 의사결정권이 세습되는 체제가 열등한 이유는 본문에서 설명했으며 이는 기업 차원에서도 마찬가지이다. 한때 상속후계자의 책임감이 재벌의 긍정적 요소로 작용할 수 있다고 주장하는 헛소리가 있었다. 물론 재벌 2세 중에도 창업자 못지않은 성과를 거둔 일부 사례가 있지만 퇴보하거나 말아먹은 경우가 훨씬 더 많다.[6]

현재의 대한민국 경제 상황은 가시적 목표를 향해 위로부터의 지시를 수단으로 했던 이전과는 완전히 달라졌다. 국가와 기업 모두

---

[5] 상속 자체를 반대하는 것은 아니다. 상속이 가능해야 부를 이루고자 노력한다. 동기부여를 위한 일종의 필요악에 해당한다. 다만 재벌들이 편법, 탈법, 위법 등의 비정상적 행위로 정당한 몫 이상을 물려주려 하는 것이 문제이다.
[6] 창업자 시기와 비교한 매출액이나 주식시가총액 등을 근거로 더 발전한 사례가 많다고 반박하겠지만 그런 경우에도 전체 경제성장 효과를 제외한 재벌총수의 기여분만으로 따진다면 창업자의 성과에 못 미치는 것은 명확하다. 성과를 보인 일부 사례도 혈연에 의한 후계자가 아닌 전문경영인이었다면 더 나은 결과를 보였을지도 모른다. 상대적 책임감의 부족이라는 단점도 있지만 자질과 노력 양면에서 검증된 전문경영인들이 의사결정권을 가지는 기업이 더 우월한 성과를 거둔다는 것은 선진국들의 사례에서 충분히 실증된 사실이다. 유일한 경우인 토요타를 제외한다면 세계적 초일류 기업 중 경영권이 세습되는 경우는 전무하다.

비교할 수 없을 정도로 성장했으며 세계적 차원에서 초일류 선진국 혁신기업들과 치열한 경쟁 중이다. 증대되는 세계화 정도만큼 글로벌 외부환경의 변동성에 크게 노출되어 있으며 때문에 시기적절한 순발력이 매 순간 요구된다. 그런데 각각의 내부 특성과 외부 영향이 상이한 다수의 개별사업체 전체에 대해 고작 1%의 지분을 바탕으로 특정 개인이 모든 최종결정권을 가지고 있는 비효율적이고 후진적인 재벌이라는 형태로는 치열한 경쟁의 세계시장에서 도태될 것이 분명하다.[7] 그리고 그 결과는 해당 기업과 소속 종업원뿐 아니라 국가 전체에도 막대한 피해를 끼칠 것임은 당연하다.

정당성과 당위성에 의한 근거는 물론이고 실용적 관점에서도 재벌은 마땅히 해체되어야 한다. 소유의 정상화, 의사결정의 다원화 전문화를 이루어야 한다. 가진 것을 내놓으라는 얘기가 아니다. 가진 만큼만 누리라는 것이다. 정치민주화가 선진국 진입의 필수요건이듯이 경제민주화 역시 지속성장을 위한 핵심 요소이다.

---

[7] 13개국 중 수출입 비중이 가장 크기 때문에 불확실한 외부환경에 대한 노출과 영향 정도도 마찬가지이다. 순발력의 중요성은 설명할 필요도 없다. 이러한 상황에서 후진적 재벌체제 유지는 사실상 자살행위이다.

보충 2-2. 신자유주의와 농민공

 대불황으로 성장이 정체되자 착취유인이 증가하여 경쟁적 제국주의를 초래했다고 얘기했다. 100년 후 유사한 상황이 반복된다. 73년 10월 4차 중동전이 발발하자 OPEC와 일부 산유국들이 이스라엘을 지지하는 서방국가들을 압박하기 위해 원유감산과 가격인상에 나서고 오일쇼크로 이어진다.[1] 자본주의 출현 이후 오일쇼크는 가장 큰 공급충격이었고 성장의 정체를 넘어서 후퇴로 이어진다. 당연히 착취유인이 증가하였고 신자유주의로 구체화된다. 신자유주의자들의 논리는 다음과 같다. 시장이 가장 효율적이므로 규제완화와 경쟁촉진을 통해 시장을 활성화시켜야 한다는 것이다. 그러나 상이한 자본 간의 규제 없는 경쟁은 오히려 독과점을 강화시켜 부의 불평등 심화로 이어지고 결국 장래 생산성 (증가율) 하락으로 귀결된다

---

[1] 많은 사람들이 이스라엘에 대한 정치적 동기가 오일쇼크의 주된 원인이라고 생각하지만 사실 이면에는 이익 증대라는 경제적 동기가 더 크게 작용했다고 보아야 한다. 이전에도 원유가격 인상시도는 있었지만 미국의 압력에 굴복하는 이탈국과 구체적 노하우 부족으로 성과를 보이지 못했다. 하지만 중동전 직전의 베트남전으로 인한 미국 헤게모니의 쇠퇴와 베네수엘라의 유가 관리에 대한 노하우 전수가 있었고 중동전 발발이라는 명분 덕에 산유국들의 대규모 단합이 가능해져서 성과를 보이게 된다. 즉 오일쇼크의 본질은 산유국들의 경제적 이익 동기를 중동전이라는 정치적 명분이 단합시킨 결과물이다.

고 앞서 설명했다. 신자유주의 이후 실제 상황도 그러했다. 신자유주의 시기에도 총생산량은 증가했지만 이전보다는 증가율이 감소했다. 다시 말해 신자유주의가 아닌 다른 대안이었으면 성장률이 더 높았을 것이다. 게다가 증가분의 대부분은 선진국 부유층에게로 돌아갔으며 중산층 이하 서민들의 소득 및 부는 실질적으로 제자리였다. 이전에 비해 증가한 노동량과 노동강도를 감안한다면 오히려 감소한 것이 명백한 사실이다. 쉽게 말해 시간당 소득이 감소했고 그에 더해 고용안정성까지 하락했다. 마르크스는 착취율의 증대가 빈부격차를 심화시키고 그에 의해 수요의 한계에 도달하여 불황 공황 파국으로 이어질 것이라 예언했다. 마르크스의 예측만큼은 아니지만 실제 역사에서도 초기자본주의의 착취 심화가 1848 혁명을 야기했다. 따라서 신자유주의 역시 지속될 수 있는 체제가 아니었다. 그러나 현재까지도 신자유주의는 살아남았고 여전히 작동하고 있다. 결정적인 이유는 가시적 착취대상이자 그로 인해 저항의 주체가 되어야 할 선진국의 중산층 이하 서민들의 실질소득 감소만큼 생활수준의 하락이 없었기 때문이다. 생활수준 유지에 의해 체제 변화에 대한 유인이 감소하였고 신자유주의는 살아남았다. 누가 신자유주의를 구원하였는가?

69년 3월 중소 국경지대의 우수리강 유역에서 국경선 설정과 관련된 갈등으로 양국 군인들 간 패싸움이 시작되고 국경 여러 곳에서의 무력충돌로 발전하여 핵전쟁 직전까지 이르렀다.[2] 결국 회담을

---

2) 우수리강 사건은 사라예보와 같이 방아쇠에 불과했다. 스탈린 사후 중소

통해 진정되기는 했지만 이 사건으로 인해 중소 양국은 완전한 적대국으로 돌아서게 된다. 이후 대소련 견제라는 이해관계가 일치한 미중 관계가 급속히 발전하여 정식수교로 이어지고 등소평의 개혁 개방 추진에 의해 중국이 세계경제로 편입된다. 억 단위의 농민공들이 등장하게 된 것이다. 그리고 이들에 의한 고비용 필수재들의 가격하락이 선진국 서민들의 소득 감소를 상쇄시킨다.[3]

중요한 것은 대다수 사람들에게 작은 뉴스거리에 불과했던 중동전이 자본주의 패러다임을 변화시켰고 반면 거의 모든 사람들이 알지도 못했던 대륙 반대편에서의 작은 충돌로 인한 결과가 그러한 변환을 안착시켰다는 것이다. 물론 중소분쟁이 농민공 출현의 원인이라고 한다면 상당한 비약이다. 등소평의 가치관과 역량을 고려했을 때 개혁 개방은 필연이었다. 하지만 중소관계가 우호적이었다면 미소 간의 대립구도를 감안할 때 중국의 개혁 개방은 시기도 늦어지고 범위도 좁아졌을 가능성이 크다. 2차 오일쇼크가 79~81년의 일이었고 이에 대한 방안으로 신자유주의 정책을 채택한 대처와 레이건의 취임이 각각 79년과 81년이었으며 중국 개혁 개방의 출발점인 경제특구지정이 80년에 이루어졌다는 것은 역사적 사건들의 중첩

관계는 긴장과 갈등의 연속이었고 결국 정치적 이념적 결별을 넘어 대결로 치닫게 된다. 정도와 범위의 차이일 뿐 어떤 형태로든 이후의 물리적 충돌은 불가피했다.
3) 한편으로는 농민공으로 인해 러스트벨트로 대표되는 선진국 노동자들의 일자리 감소와 고용불안 심화라는 부정적 영향도 분명히 존재한다. 가격하락에 의한 구매력 증대 효과와 소득감소 고용불안에 의한 수요감소 효과 간의 크기 비교에 대하여는 이견들이 있다.

사례 중에서도 너무나도 극적인 경우이다. 중국의 시작이 늦어졌다면 그만큼 현대적 버전의 1848 혁명 발생 가능성이 커졌을 것이다.

'CETERIS PARIBUS'는 강의실에서나 가능하며 현실 설명과는 거리가 멀다. 실제 경제는 경제이론에 의해서만이 아닌 정치 사회 외교 문화 등 여러 외부요인들과 상호작용하는 총체적 결과물이다.[4]

---

4) 앞서 오일쇼크의 배경 중 하나로 베트남전으로 인한 미국 헤게모니 쇠퇴를 언급했었다. 추가로 설명해야 할 점은 베트남에서의 군사작전 실패 때문에 미국 헤게모니가 하락한 것이 아니다. 전쟁비용 증가 – 달러 발행 확대 – 미국 신용도 하락 – 금태환 요구 – 불태환 선언으로 이어졌다. 불태환 선언은 브레턴우즈에서의 약속을 위반한 것이고 이것(약속위반에 의한 신뢰도 하락)이 미국 헤게모니를 급락시킨다. 그리고 불태환 선언에 의해 고정환율제에서 변동환율제로 변환되어 지금까지 이어진다. 변동환율제로의 변환 역시 외교 군사 문제에서 촉발된 것이다.

보충 3. 대한민국 교육의 문제

 우리나라 사람들이 흔히 하는 얘기가 있다. "한국인 지능이 전 세계에서 1, 2등이다." "한국인들만이 일본 사람들에게 게으르다고 말한다." 전혀 근거 없는 이야기는 아니다. 유의미한 규모인 인구 천만 명 이상이면서 안정적 선진국의 요건인 1인당 소득 3만 불 이상에 해당하는 국가는 13개국이라고 얘기했다. 그중 한국이 IQ 순위는 1등, PISA 지수는 과목별 차이는 있지만 종합적으로는 2등 정도이며 근로시간은 단순한 1등이 아니라 통계에 잡히지 않는 초과근무, 기타 잡무, 출퇴근 시간 등을 고려하면 압도적 1등이다. 그런데 이상한 점이 있다. 가장 똑똑한 사람들이 제일 열심히 일한다면 좁은 국토나 자원의 부재를 고려하더라도 소득수준이 상위권이어야 하는데 1인당 GDP는 13개국 중 꼴찌이다.[1] 반면 우리와 정반대 경우의 국가가 있다. 유럽의 어떤 나라는 지능지수와 근로시간 모두 사실상 13개국 중 최하위인데 소득은 상위권인 나라가 있다. 프랑스이다. 근로시간을 고려한 시간당 생산성은 역시 한국이 꼴찌이고 프랑스는 상위권이다.[2] 사실 제일 중요한 지표는 피상적인 학력지수나 1인

---

1) 삶의 질과 정부투명성 역시 최하위이다. 자살률 1위와 출산율 꼴찌가 의미하는 것은 사실상 현실지옥이다.
2) 주목해야 할 점은 시간당 생산성 1위는 미국이지만 압도적 자원보유량이

당 소득이 아니라 시간당 생산성이다. 시간당 생산성이 노동의 효율 혹은 노동의 질에 대한 척도이기 때문이다. 자칭 제일 똑똑하고 가장 열심히 일한다는 대한민국 국민들의 노동효율성과 질적 수준이 최하위인 이유는 무엇인가?

비판철학가들은 인간 이성을(보충 3-1. 이성) 도구적 이성과 비판적 이성으로 나눈다. 난해한 철학적 개념은 생략하고 간략히 설명하자면 **도구적 이성은** 구체적 지식과 기술의 습득 활용에 관한 **실용적 능력이다. 비판적 이성은** 자아에 대한 성찰과 그러한 개인을 둘러싸고 제약하는 구조 즉 체제나 이념에 대한 비판을 통해 자아와 공동체가 나아가야 할 방향에 대하여 사고하는 능력이다. 그럼으로써 가치관 형성과 연관되어 각각의 **도구적 이성에** 당위성과 정당성을 부여하여 **구체적 방향을 결정한다.** 단순화시켜 말하면 특정 기술을 습득하고 개발하는 능력은 도구적 지성에 해당하고 어떤 기술을 개발할지 어디에 사용할지 판단하는 것은 비판적 지성의 몫이다.

지식과 기술의 전달 습득은 교육자에서 학생이라는 수직적 위계질서 속에서 하향식으로 이루어진다. 반면 비판적 지성은 교사와 학생, 학생과 학생 간의 반복되는 의사소통이라는 수평적 상호작용을

기여한 정도와 앞선 글에서 언급했던 불평등 심화에 의한 착시현상을 고려한다면 실질적인 노동의 질은 프랑스가 절대 뒤지지 않을 것이다. 독일과 프랑스가 외부에서 비싸게 구매해야 할 자원들을 미국에서는 캐내기만 하면 된다. 여하튼 생산성이 높은 북서유럽선진국들의 공통점 중 하나는 모두 비판이성 교육에 충실하다는 것이다.

통해서 고양된다. 이때 교사는 지식의 전달자가 아니라 의견 생산의 조력자가 되는 것이다. 어느 프랑스 사람이 한국의 학교 수업을 참관한 후 의아해하며 물어보았다고 한다. "왜 선생님 외에는 말하는 사람이 없나요?" 한국에서 비판적 이성에 대한 교육은 사실상 전무하다. 반면 토론수업과 서술형 논술 문제로 대표되는 프랑스 교육이 이 분야에서 가장 탁월하다. 그 결과 프랑스와는 반대로 한국에서는 우수한 도구적 이성이 방향성 상실로 인해 비생산적 비효율적으로 낭비되고 있다. 쉽게 말해 불필요하거나 하지 말아야 할 일에 노동을 낭비하는 것이다. 우리나라 청소년들의 장래희망은 건물주이다. 모두가 건물주라면 어떻게 될지 토론시켜 보아야 한다. 성인들의 주된 관심사도 주식과 부동산이다. 주식과 부동산에 대한 유통이익은 본질적으로 제로섬게임이다. 누군가 얻은 만큼 누군가는 반드시 잃어야 한다. 소모되는 재화와 노동까지 감안한다면 네거티브섬게임이다.[3] 하지만 아무도 문제인지 모르기 때문에 문제시하지 않으며 오히려 부러워하거나 선호하며 장려하기까지 한다.

  지식과 기술의 습득 자체만으로는 그것을 왜 학습해야 하는지 어

---

[3] 물론 주가상승 시 기업의 신주발행을 수월하게 하여 투자를 증대시키고 자산효과에 의해 소비를 촉진시키는 장점도 존재한다. 반면 하락 시에는 그만큼 총수요를 하락시킨다. 상승과 하락이 해당 기업가치와 실물경기의 반영이 이루어진 것이라면 상관없다. 하지만 투기적 목적이나 인위적 경기상승을 위해 확대된 통화의 결과물일 경우 불평등 심화라는(투기는 부유층에 유리하며 통화확대 역시 부유층에 편중된다고 앞서 설명했다) 역기능이 커진다. 여하튼 차익거래에 의한 이익실현이 목적인 유통시장은 본질적으로 도박 자체이다. 유통시장이 있어야만 발행시장이 가능하기 때문에 필요악에 해당할 뿐이다.

느 곳에 어떻게 활용해야 하는지에 대해서는 알려 주지 않는다. 그렇다고 도구적 이성과 비판적 이성[4] 중 어느 쪽이 더 중요하다거나 우위에 있는 것은 아니다. 원론적으로는 같이 가야 하지만 당장의 생산력 증대가 목표인 저개발국에서는 아무래도 실용적 기술 습득이 우선시될 수밖에 없다. 그런 면에서 대한민국 발전의 핵심 요인이었던 현재의 교육시스템은 모방과 따라잡기로 고도성장을 이루어 왔던 지금까지는 훌륭한 성과를 보여 왔다. 하지만 한국은 (모방의 주체가 아니라 객체인) 선진국에 들어섰고 기존의 교육 형태로는 한계가 있을 수밖에 없다. 위로부터의 지침에 의한 수동적인 단순기술의 습득이나 개선과 같은 양적 증대도 필요하지만 창의성 자율성 증진에 의한 질적 혁신과 건전한 방향성 설정도 같이 가야 한다.[5]

다른 분야에서도 그랬듯이 교육에서도 우리가 벤치마킹 해 왔던 나라가 있다. 당연히 일본이다. 잃어버린 30년의 근본 원인은 자율성과 창의성의 부족이라고 앞서 언급했다. 그런데 놀라운 것은 일본

---

4) 비판이성 고양의 전제는 인문학적 소양이다.
5) 비판적 지성에 의한 비판능력을 기수화한다는 것은 사실상 불가능하다(특정 사안에 대한 비판능력의 상대적 우월함 정도를 서수화할 수 있을 뿐이다). 그에 비해 도구적 지성에 의한 기술의 습득과 활용 정도는 객관적 수치화가 가능하다. 따라서 도구적 지성 위주의 우리나라 교육은 각 개인의 등수라는 서열화에 의해 경쟁의 정도를 심화시킨다. 문제는 청소년기 학교에서의 서열화에 자연스럽게 동화된 탓에 성인이 되어 사회 진출 이후에도 다른 사람과의 상대적 수치에 의해 삶에 대한 평가가 행해진다는 것이다. 아파트 평수, 자가용 배기량, 은행 잔고 등이 척도가 되며 타인과의 유대감, 공감 정도, 여가의 질적 수준, 가치관 따위는 삶의 만족 정도와 관련이 없어진다. 오직 타인과의 상대적 비교에 의해 삶이 평가되며 그로 인해 경쟁을 끝없이 지속시킨다.

은 20여 년 전에 이러한 문제점을 인식하고 변화의 기회를 만들었으며 더 놀라운 것은 그들 스스로 기회를 날려 버렸다는 것이다. 일본 정부는 기존 주입식 교육의 문제점을 인식하고 창의성 자율성 증진을 목표로 하는 유토리 교육을 2002년부터 공교육에 전격 도입한다. 하지만 불과 5년 만에 실패를 인정하고 기존의 주입식 교육으로 선회한다. 주된 원인 중 하나는 학생들의 학력 저하에 충격 받은 학부모들의 반대였으며 일본 정부의 결정적 실책까지 겹쳐진다. 유토리 교육으로의 전환을 사립학교를 제외한 공립학교만 대상으로 한 것에 더해 기존의 학력지수를 근거로 선발하는 대입제도를 거의 수정하지 않은 것이다. 따라서 학부모들의 사립학교 선호현상이 나타나고 당연히 부모의 재력에 의한 학벌 편중 현상이 심화되어 일반 국민들의 불만이 커진 것이 가장 큰 실패 원인이다. 교육의 성과는 최소 10년의 시간이 필요하다고 얘기했다. 시행착오를 통한 점진적 개선을 진행하면서 강한 일관성으로 추진했다면 잃어버린 20년 혹은 30년으로 끝났을 것이다. 안타깝지만 더 장기간 지속될 듯하다.

  오랫동안 한국은 일본을 벤치마킹해 왔지만 이제는 더 이상 따라가야 할 성공 사례는 없어 보인다. 하지만 시행착오를 줄여 줄 실패에서 배울 것은 남아 있다.

보충 3-1. 이성

존재인식과 유지욕구는 동물도 마찬가지이지만 인간만의 독보적 성과 비결은 무엇인가? 당연히 이성적 사고능력이다. 물론 이성을 정의하는 것은 어렵다. 하지만 이성이 가진 중요한 속성 중의 하나는 각자의 주관적 경험을 통해 인지한 사실과 사건을 상징체계를 이용하여 객관화하는 능력이다. 개인 경험으로 획득한 지식을 획득 주체와 독립된 수 언어 문자 등의 상징체계를 사용하여 전달과 보존이 가능한 객관적 정보로 변환시키는 것이다.[1] 이러한 정보의 전달과 공유를 통해 집단지성이 형성되고 집단지성 내에서 검증과 토론 등으로 다시 정보의 객관성을 심화시킨다. 객관성의 심화는 전달과 공유의 효율성을 높인다. 확대재생산이 선순환되는 것이다.

상징은 실재가 아니다. 간극이 필연적으로 존재하며 간극의 크기는 수, 언어, 문자와 같은 상징체계에 대한 이해와 활용 정도에 달려 있다. 즉 상징체계에 대한 이해와 활용을 가능하게 하는 이성 능력에 의해 실재와의 간극 크기인 객관성 정도가 정해지며 확대재생산의 크기가 비례한다. 이성 능력을 고양시키는 것은 교육이다.

---

[1] 특정 개인이 가지고 있는 지식과 정보 중에서 직접 경험으로 이룬 것은 극히 일부이며 대부분은 간접 경험, 즉 타인의 경험을 공유한 결과이다. 물론 직접 경험이 확실성의 관점에서는 우월하지만 오히려 그 때문에 편견이나 독단의 부작용도 만만치 않다.

변명

소설 『헐리우드 키드의 생애』의 주인공인 오랜 무명 감독 명길은 학창시절 같은 영화광이었던 병석의 시나리오를 건네받고 영화로 만들어 명성을 얻게 된다. 하지만 이후에 필름을 다시 돌려보던 명길은 시나리오가 헐리우드 유명 작품들의 대사로 짜깁기된 것을 알아차렸고 병석을 찾아가 왜 자신과 관객들을 속였냐며 다그친다. 그러자 병석이 "나도 나 자신한테 속은 거야. 모든 게 내 창작인 줄 알았어. (내 안의) 헐리우드 키드한테 속은 거다."라며 울부짖는다.

병석의 대사가 필자의 변명이다. 필명인 이유이다.

학습 중 중요사항에 대한 메모가 글쓰기로 이어질 줄은 몰랐기에 구체적이고 정확한 출처를 기록하지 못했고 지금은 아둔한 지능 탓에 원문을 찾지 못하고 있다. 글쓴이의 게으름과 무능함에 대해 깊은 사과를 드린다.

레고로 자동차를 만든 아이가 아빠에게 보여 주며 물어본다. "이게 뭘까요?" 아빠가 "레고네."라고 대답하자 "아니야, 자동차야."라고 입을 삐쭉 내밀며 대꾸한다. 이번엔 강아지를 만들어 다시 물어보지만 아빠는 "그것도 레고네."라고 반응한다. "모든 텍스트는 동어반복이다."라고 얘기한 어느 철학자와 아이 아빠의 생각은 동일하며 틀렸다고는 말할 수 없다. 하지만….

구성요소(블록)는 동일하지만 표상하는 대상은 각기 다르다. 구성된 텍스트는 다른 텍스트와 재구성되어 새로운 텍스트를 창조하며 무한히 지속된다. 필자의 글이 혹시라도 누군가의 블록으로 활용될 수 있다면 그것만으로도 나름의 수고로움은 충분히 보상된 것이다.